Whether you are encountering the Chinese in China or hosting them here,

whether you are facing a restaurant menu or a hotel desk clerk,

whether you are visiting a museum or shopping for souvenirs,

whether you need directions or want to strike up a casual conversation,

whether you have to deal with a medical emergency or a mechanical breakdown,

whether you want to establish trust and good feelings in a business meeting or demonstrate warmth and courtesy in personal dealings,

this one book is your—

Passport to Chinese

PASSPORT TO
CHINESE

Charles Berlitz

WITH THE COLLABORATION OF
Wu Yu-Chün-yü

A SIGNET BOOK

NEW AMERICAN LIBRARY

Copyright © 1988 by Charles Berlitz

SIGNET, SIGNET CLASSIC, MENTOR, ONYX, PLUME, MERIDIAN
and NAL BOOKS are published by NAL PENGUIN INC.,
1633 Broadway, New York, New York 10019

First Printing, July, 1988

1 2 3 4 5 6 7 8 9

PRINTED IN THE UNITED STATES OF AMERICA

Contents

PASSPORT TO
CHINESE

Chinese Is Now Easier to Learn

The official language of China, called *Guo-yü*, meaning "National Language" (formerly called Mandarin) is spoken by more people than any other language in the world, twice as many, in fact, as those who speak English. But for centuries this important language has been something of a mystery, considered too difficult to learn by travelers and even by linguists, mainly because of its thousands of written symbols and its system of tones, which cause the variation of the same word to have several distinct meanings. Another difficulty encountered by foreigners has been that several separate Chinese dialects spoken in large areas of China were rarely understandable outside their own areas.

Now all this has changed. The Mandarin or *Guo-yü* version, formerly centered in the northeast, has been adopted as the official language throughout China and is used not only in the People's Republic of China but also in Taiwan, Hong Kong, Singapore, and other large Chinese communities in Southeast Asia, America, Canada, and elsewhere. As a further step to simplify the language, the Chinese have adopted a system for writing Chinese in Roman letters. This system is called *pinyin* and is the language now being taught in all Chinese schools. It is also used with computers and employed, along with Chinese characters, for street signs and an increasing number of publications.

Although Chinese has often been phoneticized in a variety of ways by occidental scholars and missionaries, this new system developed by the Chinese themselves has superseded all other systems and has caused the rewording of Chinese names in the world's maps and reference books.

The ancient Chinese ideographs, often simplified, are still very much in use, but the fact that Chinese can now be written in the Roman alphabet is a great advantage to those who wish to communicate in Chinese. One might say it is a new open door to China for travelers, students, businesspeople, and anyone interested in this ancient and now rejuvenated nation.

How to Use Your
Passport to Chinese

Each sentence in nineteen sections of this phrase book is written in four lines. The first line is written in English, the second line in the new *pinyin* system, the third line in letters with the equivalent English sounds, and the last line in Chinese ideographs. The reason that the *pinyin* is repeated in simple English sounds is that the *pinyin* spelling frequently does not conform to the sounds of English letters. Therefore, when you try out your Chinese, follow the pronunciation of the third line first and then gradually shift to the *pinyin* as you become familiar with it. And to make sure that you are understood, you can always point to the written Chinese on the fourth line. The person you are addressing can point back in the section reserved for possible answers which you will find at the end of the book. Here is an example of the four-line structure:

How are you?
Nǐ hǎo ma?
Nĕe hŏw ma?
你好嗎？

I am fine, thank you.
Wǒ hǎo, xiè xiè nǐ.
Wǒ hŏw, sh'yèh sh'yèh nĕe.
很好！ 謝謝你。

The signs over the words are tones, indications of *which* tone the Chinese word takes for a specific meaning. (The word **mao**, for example, can mean "cat," "anchor," "hair," or "hat," according to the tone used.)

There are four principal tones. Some words have no special tone, but most words are marked by one of the following symbols:

- ¯ tone high and flat
- ´ tone starts low, rises
- ˇ tone starts high, falls, then rises
- ` starts high, then falls
- (no mark) neutral tone

The tones are not hard to use and lend a pleasant and unusual cadence to the language. But even if you occasionally "miss" the correct tone, Chinese people will doubtlessly understand the simple phrase in line three of each group, and your attempt to use the correct tone will cause admiration and friendly feelings on the part of those to whom you are speaking.

The third line, written directly above the Chinese characters, should be pronounced just as if you were reading English. There are only two basic exceptions for you to remember. The **ai** in the pinyin alphabet is written "ai" in English and should be pronounced like the **ai** in "Shanghai." The Chinese sound for ü is written in the same way in the second and third lines because this sound does not exist in English. It is pronounced like the French u in "rue" (street), but if you don't speak French, you can approximate this sound by pursing your lips in a tight circle and saying "ee". This is not difficult and will give you the correct sound.

After you become accustomed to the pinyin alphabet you should try to concentrate on using the second line, although the third line will still be there if you need it. Also, the Chinese characters on the fourth line can be shown to a Chinese person to make your meaning quite clear.

Throughout this book we have put hyphens between the pinyin syllables as they form compound words. This has been done to help you associate the syllables with the Chinese characters in the fourth line (there is *one* Chinese character for each syllable) and also to make it easier to pronounce the syllables. Generally when pinyin is used the syllables are written together, without hyphens, the same as in English.

As you begin your linguistic contact with the world's oldest surviving language and culture we wish you "Good luck!"—Hǎo yün!—(*Hǒw yün!*)

問

候

1. Greetings

Good morning.
Zǎo ān.
Ts'ǒw āhn.
早安。

Good afternoon.
Wǔ ān.
Wǒo āhn.
午安。

Good evening.
Wǎn ān.
Wǎhn āhn.
晚安。

How are you?
Nǐ hǎo ma?
Něe hǒw ma?
你好嗎？

Very fine!
Hěn hǎo!
Hǔn how!
很好！

Thank you.
Xiè-xiè nǐ.
*Sh'yèh-sh'yěh
    něe.*
謝謝你。

Please come in.
Qǐng lái.
Chǐng lái.
請來。

Please sit down.
Qǐng zùo.
Chǐng ts'wò.
請坐。

What is your name?
Nǐ gùi-xìng?
Něe g wày-shìng?
你貴姓？

My name is . . .
Wǒ-de míng-zi shì . . .
*Wǒ-duh míng-dzih
    shìh . . .*
我的名字是…

Descriptive Chinese Characters
Many characters demonstrate things or ideas.

Example: "woman" 女 and "child" 子
combine to mean "good" 好 .

A "woman" 女 under a "roof" 宀
means "peace" 安 .

"Good morning" is literally "Early peace" 早安。

This is my wife.	**. . . husband.**	**It's a great pleasure.**
Zhè shì wǒ tài-tai.	. . . zhàng-fū.	Hěn róng-xìng.
Jùh shìh wǒ tài-tai.	*. . . jàhng-fōo.*	*Hǔn róong-shìng.*
這是我太太。	丈夫。	很榮幸。

Mr. Wang.	**Mrs. Wu.**	**Miss Lee.**
Wáng xiān-shēng.	Wú tài-tai.	Lǐ xiǎo-jiě.
Wáhng sh'yēn-shūng.	*Wóo tài-tai.*	*Leě sh'yǒw-j'yěh.*
王先生。	吳太太。	李小姐。

Good-bye.
Zài jiàn.
Dzai j'yèn.
再見。

Note: "Mr." is translated by *xiān-shēng*, meaning "born before," a compliment to the person you are addressing. "Mrs." is *tài-tài*, meaning "very-very," a compliment to a lady's charm. "Miss" is *xiǎo-jiě*, the word for "little sister." On the Chinese mainland the use of "comrade" is frequently used as a form of address for anyone. In Chinese it is *tóng-zhì* and means "same thinking." *Tóng-zhì* is not recommended for use by foreigners in mainland China or in other Chinese-speaking areas where the older polite forms are still used.

話

2. Basic Words

You should learn the following phrases by heart because you will use them every time you speak Chinese. If you memorize these expressions and the numbers in the next section, you will find that you can ask prices, directions, and generally make your wishes known.

Yes.
Shì.
Shìh.
是。

No.
Bù.
Bòo.
不是。

Perhaps.
Kě néng.
Kŭh núng.
可能。

Please.
Qǐng.
Chǐng.
請。

Thanks very much.
Duō xìe.
Dwō sh'yèh.
多謝。

You are welcome.
Bù xiè.
Boò sh'yèh.
不謝。

Excuse me.
Duì bú qǐ.
Dwày-bóo-chěe.
對不起。

Do you speak English?
Nǐ shūo yīng yǔ má?
Neě shwō yīng-yěw má?
你說英語嗎?

Here.	**There.**		**There.**
Zhè-lǐ.	Nà-lǐ.	(or)	Nàr.
Jùh-lĕe.	*Nà-lĕe.*		*Nàr.*
這裏。	那裏。		那兒。

I	**you**	**he**	**she**	**we**	**they**
wǒ	nǐ	tā	tā	wǒ-mén	tā-mén
wŏ	*nĕe*	*tā*	*tā*	*wŏ-mún*	*tā-mún*
我	你	他	她	我們	他們

Do you under-stand?	**Yes, I under-stand.**	**I don't under-stand.**
Nǐ míng bái má?	Shì, wǒ míng bái.	Wǒ bù míng bái.
Neě míng bái má?	*Shìh, wŏ míng bái.*	*Wŏ bòo míng bái.*
你明白嗎？	是，我明白	我不明白

I like this one.	**How much money?**
Wo xǐ-huān zhè-ge.	Duō shǎo qián?
Wo shĕe-wāhn jùh-guh.	*Dwō sh'ŏw ch'yén?*
我喜歡這個	多少錢？

Too much.	**All right.**
Tài gùi.	Hǎo.
Tài gwày.	*Hŏw.*
太貴。	好。

Combined sounds

The apostrophes in the pronunciation lines, such as those in *jee'yen*, *sh'yen*, and *jee'yeh* are used to show that the world should be said as one syllable. When repeating these words sound the first letter but then **stress** the *yen* and the *yeh*. The apostrophe in *sh'ow* is used to remind you to always pronounce the Chinese *ao* to rhyme with "cow" and not with "low."

I'll come back.
Wǒ huì zài-lái.
Wǒ hwày dzài-lái.
我會再來。

At what time?
Shén-me shí-hòu?
Shém-muh shíh-hò?
什麼時候？

Very soon.
Hěn kuài.
Hǔn kwài.
很快。

Right away.
Mǎ shàng.
Mǎ shàhng.
馬上。

Now.
Xiàn-zài.
Sh'yèn-dzài.
現在。

Not now.
Bú-shì xiàn-zài.
Bóo-shìh sh'yèn-dzài.
不是現在。

In a minute.
Děng yì děng.
Dǔng yèe dǔng.
等一等。

It doesn't matter.
Méi guān xi.
Maý gwāhn shee.
沒關係。

Is it possible?
Kě yǐ ma?
Kǔh yěe ma?
可以嗎？

It isn't possible
Bù kě yǐ.
Bòo kǔh yěe.
不可以。

Speak slowly, please.
Qǐng màn-man, shūo.
Chǐng màhn-mahn, shwō.
請慢慢說。

Please repeat.
Qǐng chóng-fù yí cì.
Chǐng chóong-fòo yée tsìh.
請重複一次。

Please write down the address.
Qǐng xiě xià dì-zhǐ.
Chǐng sh'yěh shà dèe-jǔh.
請寫下地址。

In English writing.
Yòng yīng-wén.
Yòong yīng-wén.
用英文。

In Chinese writing.
Yòng Zhōng-wén.
Yòong Joōng-wén.
用中文。

Who is it?
Shì shéi?
Shìh sháy?
是誰？

Come in!
Qǐng jìn!
Chǐng jìn!
請進。

Please wait here.
Qǐng zài zhè-lǐ děng.
Chǐng dzaì jùh-leě dǔng.
請在這裏等。

A short while.
Děng yī xià.
Dǔng yēe shà.
等一下。

That's all.
Jìu zhè yàng.
J'yò jùh yàhng.
就這樣。

號

碼

3. Numbers

Numbers are important not only for asking prices (and perhaps to bargain), but for phone numbers, addresses, telling time, and even for the names of the months. If you memorize the first ten numbers, you will be able to express numbers up to 100 and then, with the word for "hundred," "thousand," and "hundred thousand," you can deal with **qián** (money), **diàn-huà-hào** (telephone numbers), **dì-zhǐ** (addresses), and **fáng-jiān hào** (room number). See the phonetic pronunciation of these words in this chapter.

1	2	3	4	5
yī	èr (or)	sān	sì	wǔ
yēe	liáng	*sāhn*	*sìh*	*wǒo*
一	**èr**	三	四	五
	二（兩）			

6	7	8	9	10
liù	qī	bā	jiǔ	shí
l'yò	*chēe*	*bā*	*j'yǒ*	*shíh*
六	七	八	九	十

11
shí-yī
shéh-yee
十一

12
shí-èr
shíh-èr
十二

13
shí-sān
shíh-sāhn
十三

14
shí-sì
shíh-sìh
十四

15
shí-wǔ
shíh-wǒo
十五

16
shí-liù
shíh-l'yò
十六

17
shí-qī
shíh-chēe
十七

18
shí-bā
shíh-bā
十八

19
shí-jiǔ
shíh-j'yǒ
十九

20
èr-shí
èr-shíh
二十

100
bǎi
bǎi
百

1000
qiān
ch'yēn
千

10,000
wàn
wàhn
萬

100,000
shí-wàn
shíh-wàhn
十萬

1,000,000
bǎi-wàn
bǎi-wàhn
百萬

How much is it?
Duō-shǎo qián?
Duō-sh'ǒw ch'yén?
多少錢？

The telephone number
Diàn-huà hào-mǎ
D'yèn-hwà hòw-mǎ
電話號碼。

The room number
Fáng-jiān hào-mǎ
Fáhng-j'yēn hòw-mǎ
房間號碼。

The address
Dì-zhǐ
Dèe-jǐh
地址。

到
達

4. Arrival

Once you pass through Immigration you will find the material included in this section helpful in locating baggage, asking directions, and thanking people for their help.

This is my passport.
Zhè shì wǒ de hù-zhào.
Jùh shih wǒ duh hòo-jòw.
這是我的護照。

I am a tourist.
Wǒ shì guān-guāng-kè.
Wǒ shìh gwāhn-gwāhng-kùh.
我是觀光客。

I've come on a visit.
Wǒ lái guān guāng.
Wǒ lái guāhn guāhng.
我來觀光。

For one week.
Yī-ge xīng-qí.
Yēe-guh shīng-chée.
一個星期。

On business.
Zùo shēng-yì.
Dzwò shŭng-yèe.
做生意。

A vacation.
Jià-qí.
J'yà-chée.
假期。

Where is the baggage for Flight 301?
Sān líng yī hāo bān-jī-de xíng-lǐ zài nǎ-lǐ?
Sāhn líng yēe hāo bāhn-jēe-duh shíng-lěe dzài nǎ-lěe?
301號班機的行李在那裏？

This is my baggage.
Zhèi shì wǒ de xíng-lǐ.
Jày shìh wǒ duh shíng-lěe.
這是我的行李。

This one.
Zhè-ge.
Jùh-guh.
這個。

That one.
Nà-ge.
Nà-guh.
那個。

Exit
Chū-kǒu
Chōo-kǒ
出口。

Entrance
Rù-kǒu
Ròo-kǒ
入口。

Where is the bus for downtown?
Dào chéng-lǐ-de gōng-chē zài nà-lǐ?
Dòw chúng-lěe-duh gōong-chūh dzài nà-lěe?
到城裏的公車在那裏？

Taxi
Jì chéng chē.
Jee chúng chēh.
計程車。

Please help me.
Qǐng bāng wǒ.
Chǐng bāhng wǒ.
請幫我。

Where are the toilets?	**Men**	**Women**	**Over there.**
Cè suǒ zài nǎ-li?	Nán-rén.	Nǔ-rén.	Zài nà-lǐ
Ts'uh-swǒ dzài nǎ-lěe?	*Náhn-rén.*	*Nǔ-rén.*	*Dzài nà-lěe*
	男人。	女人。	在那裏。

厠所在那裏？

Please take my baggage to a taxi.
Qǐng nǎ wǒ-de xíng-lǐ dào jì-chéng-chē.
Chǐng nǎ wǒ-duh shíng-lěe dòw jèe-chúng-chūh.
請拿我的行李到計程車。

I'm going to the Beijing Hotel.
Wǒ dào Běi-jīng Fàn-diàn.
Wǒ dòw Bǎy-jīng Fàhn-d'yèn.
我到北京飯店。

How much is the fare?
Chē-fèi duō shǎo?
Chūh-fèy dwō sh'ǒw?
車費多少？

Where is there a good restaurant?
Hǎo-de Fàn-guǎn zài nǎ-lǐ?
Hǒw-duh fàhn-gwǎhn dzài nà-lěe?
好的飯館在那裏？

Post office?	**Drugstore?**
Yóu-jú?	Yào diàn?
Yó-jóo?	*Yòw d'yèn?*
郵局？	葯店？

Department store?
Băi-hùo-diàn?
Băi-hwò-d'yèn?
百貨店？

Theater?
Xì-yùan?
Shèe-yùen?
戲院？

Where is there a good hotel?
Hăo-de da fàn-diàn zài nă-lĭ?
Hŏw-duh da fàhn-d'yèn dzài nă-lĕe?
好的大飯店在那裏？

It's on this street.
Zài zhè tiáo jiē shàng.
Dzài jùh t'yów j'yēh shàhng.
在這條街上。

Is it very far?
Taì yuăn ma?
Taì yuĕn ma?
太遠嗎？

Is it very near?
Hĕn jìn ma?
Hŭn jìn ma?
很近嗎？

Not far.
Bù yŭan.
Bòo yŭen.
不遠。

It's that way.
Zài nà-biàn.
Dzài nà-b'yēn.
在那邊。

One more street.
Zài yī tɪáo jiē.
Dzài yēe t'yów j'yēh
再一條街。

Excuse me
Dùi-bù-qǐ.
D'wày-bòo-chěe.
對不起。

Are you Mr. Chen?
Nǐ shì Chén xiān-shēng
ma?
Něe shìh Chén sh'yēn-shūng ma?
你是陳先生嗎？

Yes. I am.
Shì-de. Wǒ jiù shì.
Shìh-duh. Wǒ j'yò shìh.
是的，我就是。

It is an honor to meet you.
Hěn róng-xìng néng rèn-shì nǐ.
Hǔn róong-shìng núng rèn-shìh něe.
很榮幸能認識你。

Welcome to China!
Hūan-yíng dào Zhōng-guó lái!
Hwāhn-yíng dòw Jōong-gwó lái!
歡迎到中國來！

Please come this way.
Qǐng zhè biān zǒu.
Chǐng jùh b'yēn dzǒ.
請這邊走。

The car is waiting.
Chē zi děng-zhe.
Chūh dzìh dǔng-juh.
車子等著。

Very good.
Hěn hǎo.
Hŭn hŏw.
很好。

Thank you for your help.
Xiè-xiè nǐ-de bāng máng.
*Sh'yèh-sh'yèh něe-duh
    bāhng máhng.*
謝謝你的幫忙。

Thank you for coming to meet me.
Xiè-xiè lái kàn wǒ.
Sh'yèh-sh'yèh lái kàhn wǒ.
謝謝來看我。

旅
館

5. Hotel—Services

Although the personnel of hotels in the larger cities may speak English, you will find that the use of Chinese makes for better relations with the service staff. We have included laundry and dry cleaning in this section so you can make yourself understood when speaking to the chambermaid or valet, and also for use in smaller hotels where they don't speak English.

Where is there a good hotel?
Hǎo de fàn-diàn zài nǎ-li?
Hǒw duh fàhn-d'yèn dzài nǎ-lěe?
好的飯店在那裏?

Good morning!
Zǎo!
Dzǎo!
早!

Have you a room?
Yǒu méi yǒu fáng-jiān?
Yǒ máy yǒ fáhng-j'yēn?
有沒有房間?

single room
dàn rén fáng
dàhn rén fáhng
單人房。

double room
shūang rén fáng
sh'wāhng rén fáhng
雙人房。

I want to see the room.
Wǒ yào kàn-kàn fáng-jiān.
Wǒ yòw kàhn-kàhn fáhng-j'yēn.
我要看看房間。

Where is the bathroom?
Cè-sǔo zài nǎ-lǐ?
Tsùh-swǒ dzài nǎ-lěe?
廁所在那裏？

Where is the shower?
Zài nǎ-lǐ lín-yù?
Dzài nǎ-lěe lín-yòo?
在那裏淋浴？

Is there air-conditioning?
Yǒu méi yǒu lěng-qì?
Yǒ máy yǒ lǔng-chèe?
有沒有冷氣？

How does this work?
Zě-me yòng ne?
Ts'ǔh-muh yòong nuh?
怎麼用呢？

Like this.
Xiàng zhè yàng.
shee'yàhng jùh yàhng.
像這樣。

How much is the room?
Fáng-jiān duǒ shǎo qián?
Fáhng-j'yēn dwǒ sh'ǒw ch'yén?
房間多少錢？

One day.
Yì tiān.
Yèet'yēn.
一天。

One week.
Yí-ge xīng-qí.
Yeé-guh shīng-chée.
一個星期。

I'm staying three days.
Wǒ zhù sān tiān.
Wǒ jòo sāhn t'yēn.
我住三天。

Is there another room?
Yǒu méi yǒu lìng-wài-de fáng-jiān?
Yǒ máy yǒ lìng-wài-duh fáhng-j'yēn?
有沒有另外的房間？

Higher.
Gāo diēn.
Gōw d'yěn.
高點。

Bigger.
Dà yì diēn.
Dà yèe d'yěn.
大一點。

This one is fine.
Zhè-ge hǎo.
Jùh-guh hǒw.
這個好。

breakfast
zǎo fàn
dzǒw fàhn
早飯。

lunch
wǔ fàn
wǒo fàhn
午飯。

dinner
wǎn fàn
wǎhn fàhn
晚飯。

Is the dining room open?
Cān-tīng kāi le ma?
Tsāhn-tīng kāi luh ma?
餐廳開了嗎？

It isn't open.
Bù kāi.
Bòo kāi.
不開。

Hello! This is room number 565.
Wéi! Zhè shì wǔ-liù-wǔ hào fáng.
Wáy! Jùh shìh wǒo-l'yò-wǒo hòw fáhng.
喂！這是565號房。

Please send up some mineral water and ice.
Qǐng sòng kuàng quán-shuǐ hàn bīng-kuài shàng lái.
Chǐng sòong kwàhng-ch'wen-sh'wǎy hàhn bīng-kwài shàhng lái.
請送礦泉水和冰塊上來。

Notes: "Wéi!" is used only on the telephone. Also, did you notice "565" is used with the written Chinese characters? Western written numbers are frequently used in transportation and are understood by almost everyone. (See page 15 for the traditional writing of Chinese numbers.)

One bottle of beer.
Yì píng pí jiǔ.
Yèe píng pée j'yǒ.
一瓶啤酒。

Please send up breakfast.
Chǐng sòng zǎo-fàn shàng lái.
Chǐng sòong dzǒw-fàhn shàhng lái.
請送早飯上來。

orange juice	**toast**	**coffee with milk**
jú zi shuǐ.	miàn bāo	kā-fēi hé niúo nǎi
jóo ts'uh sh'wǎy.	*m'yèn b'ōw*	*kā-fāy húh n'yó-nǎi*
橘子水。	麵包。	咖啡和牛奶。

fried doughnuts
shāo bǐng yóu tiáo
*shāo bǐng yǒ
    t'yów*
燒餅油條。

soybean juice
doù jiāng
dòh j'yāng
豆漿。

Quickly, please.
Qǐng, kuài-diǎn.
Chǐng, kwài-d'yěn.
請快點。

Is it possible?
Kě-yǐ ma?
Kǔh-yěe ma?
可以嗎?

Please come in.
Qǐng jìn lái.
Chǐng jìn lái.
請進來。

Are you the maid?
Nǐ shì yòng-rén ma?
Něe shìh yòong-rén ma?
你是佣人嗎?

I need a blanket.
Wǒ yào yí-tiáo tǎn-zi.
*Wǒ yòw yíe-t'yów tǎhn-
    dzih.*
我要一條毯子。

I need a pillow.
Wǒ yào yí-ge zhěn-tóu.
Wǒ yòw yíe-guh jěn-tóh.
我要一個枕頭。

towel
máo-jīn
m'ów-jīn
毛巾。

soap
féi-zào
fáy-dzòw
肥皂。

toilet paper
wèi-shēng-zhǐ
wày-shūng-jǐh
衛生紙。

Please wash this.
Qǐng xǐ zhè-ge.
Chǐng shěe jùh-guh.
請洗這個。

Please iron these clothes.
Qǐng tàng zhè jiàn yī-fú.
Chǐng tàhng chùh ch'yèn yēe-fóo.
請熨這件衣服。

This is broken.
Zhè-ge huài-le.
Jùh-guh hwài-luh.
這個壞了。

Can it be fixed?
Néng bù néng xiū-lǐ?
Núng bòo núng sh'yō-lěe?
能不能修理？

At what time?
Shén-me shí-hòu?
Shém-muh shíh-hò?
什麼時候？

today	**tomorrow**	**in two days**
jīn-tiǎn	míng-tiān	liǎng tiān hòu
jīn-t'yěn	*míng-t'yēn*	*l'yǎng t'yēn hò*
今天。	明天。	兩天後。

Is it certain?
Què dìng le?
Ch'wèh dìng luh?
確定了？

An effective description
The "sun" 日 and "moon" 月 combine to make "bright" 明 . "Bright day" 明天。 means "tomorrow.

Are my clothes ready?
Yī-fú hǎo-lē ma?
Yēe-fóo hǒw-lūh ma?
衣服好了嗎？

That's fine!
Hǎo jí le!
Hǒw jée luh!
好極了！

Please give me the key.
Qǐng gěi wǒ yào-shí.
Chǐng gǎy wǒ yòw-shíh.
請給我鑰匙。

Are there letters for me?
Yǒu-méi-yǒu wǒ-de shìn?
Yǒ-máy-yǒ wǒ-duh shìn?
有沒有我的信？

Are there telephone messages?
Yǒu-méi-yǒu diàn bào?
Yǒ-máy-yǒ d'yèn b'òw?
有沒有電報？

Please send these letters.
Qǐng dài jì zhè fēng-xìn.
Chǐng dài jèe jùh fūng-shìn.
請代寄這封信。

How much is needed for stamps?
Yóu piào yào dūo-shǎo?
Yó p'yòw yòw dwō-sh'ǒw?
郵票要多少？

to America
dào Měi-guó
dòw Măy-gwó
到美國。

to England
dào Yīng-guó
dòw Yíng-gwó
到英國。

to Canada
dào Jiā-ná-dà.
dòw J'ya-ná-dà.
到加拿大。

I need an interpreter.
Wǒ yào yí-ge fān-yì zhě.
wǒ yòw yée-guh fāhn-yèe jǔh.
我要一個翻譯者。

Please give me my bill.
Qǐng gěi wǒ zhàng-dān.
Chǐng gǎy wǒ jàhng-dāhn.
請給我帳單。

Tomorrow morning I'm leaving.
Míng tiān zǎo shàng wǒ yào zǒu-le.
Míng t'yēn dzǒw shàhng wǒ yòw ts'ǒ-luh.
明天早上我要走了。

Please call me at seven o'clock in the morning.
Qǐng zài zǎo shàng chī diǎn chiào wǒ.
Chǐng dzài dzǒw shàhng chēe d'yēn jòw wō.
請在早上七點叫我。

It's very important.
Hěn zhòng yào.
Hěn jòong yòw.
很重要。

Is there a bus to the airport?
Yǒu méi yǒu dào jī-chǎng-de gōng chē?
Yǒ máy yǒ dòw jēe-chǎhng-duh gōong chūh?
有沒有到機場的公車？

. . . to the railroad station?
. . . dào hǔo-chē-zhàn?
. . . dòw hwǒ-chūh-jàhn?
到火車站？

Picturesque concepts
"Railroad" is composed of 火 —"fire" (the side lines show flames) and 車 —"wagon" (axle and wheels shown from above). Together they make 火車。 —"fire wagon" or "railroad engine."

There is.
Yǒu.
Yǒ.
有。

It leaves at eight o'clock.
Bā diǎn kāi.
Bā d'yěn kāi.
八點開。

時

間

6. Time

To say "o'clock" add **diǎn** after the number of the hour. Parts of the hour such as 10:15 and so on, are expressed by the hour, then **diǎn** and then the minutes. This section will show you how to make all sorts of arrangements with people by indicating the hour, the day, or date, and adding the phrase, "Is that okay?"—**Hǎo bù hǎo?**

What time is it now?
Xiàn-zài jǐ diǎn?
Sh'yèn-dzài jěe d'yěn?
現在幾點？

One o'clock.
Yí diǎn.
Yée d'yěn.
一點。

Six o'clock.
Liù diǎn.
L'yò d'yèn.
六點。

Half past six.
Liù diǎn bàn.
L'yò d'yěn bàhn.
六點半。

Two forty-five.
Liǎng diǎn sì-shí-wǔ fēn.
L'yǎhng d'yěn sìh-shíh-wǒo fēn.
二點四十五分。

When will you come?
Ní shén-me shí-hòu lái?
Něe shém-muh shíh-hò lái?
你什麼時候來？

I'll come tomorrow.
Wǒ míng-tiān lái.
Wǒ míng-t'yēn lái.
我明天來。

I'll be here at nine in the evening.
Wǎn shàng jiǔ diǎn wǒ zài zhè-lǐ.
Wǎhn shàhng j'yǒ d'yěn wǒ dzài jùh-lěe.
晚上九點我在這裏。

morning	noon	afternoon	night
zǎo-shàng	zhōng-wǔ	xià-wǔ	wǎn-shàng
dzǒw-shàhng	*jōong-wǒo*	*shà-wǒo*	*wǎhn-shàhng*
早上。	中午。	下午。	晚上。

today
jīn-tiān
jīn-t'yēn
今天。

tomorrow
míng tiān
míng t'yēn
明天。

tomorrow night
míng-tiān wǎn-
shàng
*míng-tiān wǎhn-
shàhng*
明天晚上。

yesterday
zuó tiān
dzwó t'yēn
昨天。

last night
zuó wǎn
dzwó wǎhn
昨晚。

this week
zhè-ge xīng-qí
*jùh-guh shīng-
chée*
這個星期。

last week
shàng-ge xīng-qí
*shàhng-guh shīng-
chée*
上個星期。

next week
xià-ge xīng-qí
*shà-guh shīng-
chée*
下個星期。

this month	this year	last year	next year
zhè-ge yuè	jūn nián	qù nián	míng nián
júh-guh	*jūn n'yèn*	*chù n'yén*	*míng n'yén*
yoo'èh	今年。	去年。	明年。
這個月。			

What year?	1988
Nǎ yī nián?	Yī juǐ bā bā
Nǎ yēe n'yén?	*Yēe j'yǒ bā bā*
那一年？	一九八八。

Monday	Tuesday	Wednesday
Xīng-qī-yī	Xīng-qī-èr	Xīng-qī-sān
Shīng-chēe-yēe	*Shīng-chēe-èr*	*Shīng-chēe-sāhn*
星期一。	星期二。	星期三。

Thursday	Friday	Saturday	Sunday
Xīng-qī sì	Xīng-qī-wǔ	Xīng-qī-liù	Xīng-qī-tiān
Shīng-chee-sìh	*Shīng-chēe-wǒo*	*Shīng-chēe-l'yòo*	*Shīng-chēe-t'yēn*
星期四。	星期五。	星期六。	星期天。

What day?	On Monday.	Next Tuesday.
Nǎ-yī tiān?	Zài xīng-qī-yī	Xià xīng-qī èr.
Nǎ-yēe t'yēn?	*Dzài shīng-chēe-yēe.*	*Shà shīng-chēe-èr.*
那一天？	在星期一。	下星期二。

January	February	March
Yī-yuè	Èr-yuè	Sān-yuè
Yēe-yoo-èh	*Èr yoo'èh*	*Sāhn yoo'èh*
一月。	二月。	三月。

April	**May**	**June**
Sì-yuè	Wǔ-yuè	liù-yuè
Sìh yoo'èh	*Wǒo yoo'èh*	*L'yò yoo-èh*
四月。	五月。	六月。

July	**August**	**September**
Qī-yuè	Bā-yuè	Jiǔ-yuè
Chēe yoo'èh	*Bā yoo'èh*	*J'yǒ yoo'èh*
七月。	八月。	九月。

October	**November**	**December**
Shí yuè	Shí-yī yuè	Shí-èr yuè
Shíh yoo'èh	*Shíh-yēe yoo'èh*	*Shíh-èr yoo'èh*
十月。	十一月。	十二月。

Happiness and prosperity!
   (New Year's greeting)
Gūng hè xīn xǐ!
Gōong hùh shīn shěe!

恭賀新禧！

Happy Birthday!
Shēng rì kuài lè!
Shēng rìh kwài lùh!

生日快樂！

Congratulations!
Gōng xǐ!
Gōong shěe!

恭喜！

The double tenth (Revolution against Manchu dynasty—October 10)
Shuāng shí jié
Sh'wāhng shíh j'yéh

雙十節。

Confucius' anniversary
   (September 28)
Kǔng-zǐ dàn cén
Kǒong tsih dàhn ts'én

孔子誕辰。

Buddha's birth anniversary (May 25)
Fó dàn
Fó dàhn

佛誕。

National Celebration Day
(Communist Victory in
mainland China—
October 1)
Guó qìng rì
Gwó chìng rìh

國慶日。

7. Money

Where is there a bank?
Yín háng zài nǎ-lǐ?
Yín háhng dzài nǎ-lěe?
銀行在那裏？

At what time does the bank open?
Yín-háng shén-me shí-hòu kāi mén?
Yín-háhng shém-muh shí-hò kāi mún?
銀行什麼時候開門？

American dollars
Měi jīn
Mǎy jīn
美金。

British pounds
Yīng bàng
Yīng bàhng
英鎊。

Canadian dollars
Jīa-ná-dà bì
J'ya-ná-dà bèe
加拿大幣。

People's Republic currency
Rén-mín-bì
Rén-mín-bèe
人民幣。

At what time does the bank close?
Yín háng shén-me shí-hòu guān mén?
Yín háhng shem-muh shíh-hò gwāhn mún?
銀行什麼時候關門？

I want to change $100 American.
Wǒ yào huàn yī-bǎi Měi jīn.
Wǒ yòw wàhn yēe-bǎi Mǎy jīn.
我要換一百美金。

Will you accept this check?
Nǐ jiē shòu zhè-zhāng zhī piào mā?
Něe j'yēh shò jùh-jāhng jīh p'yào mā?
你接受這張支票嗎？

Have you identification?
Yǒu méi yǒu shēn fèn zhèng míng?
Yǒ máy yǒ shūn fèn jùng míng?
有沒有身份證明？

This is my passport.
Zhè shì wǒ-de hù zhào.
Jùh shìh wǒ-duh hòo jòw.
這是我的護照。

Excellent!
Hǎo jéé le!
Hǒw jeé luh!
好極了！

Here is the money.
Qián zài zhè-lǐ.
Chyēn dzài jùh-lěe.
錢在這裏。

Please sign the receipt.
Qǐng qiān shōu-jù.
Chǐng ch'yēn shō-jòo.

請 簽 收 據 。

Sign here.
Qiān zài zhè-lǐ.
Ch'yēn dzài jùh-lěe.

簽 在 這 裏 。

食物

8. Food

The foods and drinks detailed in this section will enable you to be well-fed in China and in Chinese-speaking areas anywhere. The latter part of this section details some of the special Chinese dishes, increasingly popular throughout the world.

There are several main styles of preparing food in China, that of Peking (Běi-jīng), Shanghai (Shàng-hǎi), Canton (Guǎng-zhōu), Hunan (Hú-nán), and Szechuan (Sì-chuān), with the spiciest ones coming from the last two provinces.

Breakfast
Zaŏ fàn
Dzŏw fàhn
早飯。

Can one have breakfast?
Kě-yǐ chī zǎo fàn mā?
Kǔh-yěe chīh dzŏw fàhn m-a?
可以吃早飯嗎？

orange juice	**coffee**	**coffee with milk**	**sugar**	**tea**
jú-zi-shǔi	kā-fēi	kā-fēi jīa niú-nǎi	táng	chá
jóo-dzih-shwǎy	*kā-fāy*	*kā-fay j'yā n'yó-nǎi*	*táhng*	*chá*
橘子水。	咖啡。	咖啡加牛奶。	糖。	茶。

43

eggs	**fried**	**boiled**	**omelet**
jī-dàn	jiān	zhǔ	hé bāo dàn
jēe-dàhn	*j'yēn*	*jǒo*	*húh b'ōw dàhn*
鷄蛋。	煎。	煮。	荷包蛋。

toast
kǎo mièn-bāo
kǒw m'yèn-b'ōw
烤麵包。

steamed bun stuffed with meat
bāo-zi
b'ōw-dzih
包子。

baked bun
shāo-bǐng
sh'ōw-bǐng
燒餅。

fried flour sticks
yóu tiáo
yó t'yów
油條。

soybean juice
dòu jiāng
dòh-j'yāng
豆漿。

doughnut
jiān bǐng
j'yēn bǐng
煎餅。

lunch
wǔ-fàn
wǒo-fàhn
午飯。

dinner
wǎn-fàn
wǎhn-fàhn
晚飯。

Excuse me . . .
Duì-bù-qǐ . . .
Dwày-bòo-chěe . . .
對不起⋯

Where is a good restaurant?
Hǎo-de fàn-guǎn zài nǎ-lǐ?
Hǒw-duh fàhn-gwǎhn dzài nǎ-lěe?
好的飯館在那裏？

Good afternoon.
Wǔ-ān.
Wǒo-āhn.
午安。

Good evening.
Wǎn-ān.
Wǎhn-āhn.
晚安。

Is the restaurant open?
Fàn-guǎn kāi-le ma?
Fàhn-gwǎhn kāi-luh ma?
飯館開了嗎?

For two people
Liǎng-rén-fèn
L'yǎhng-rén-fèn
兩人份。

For three people
Sān-rén-fèn
Sāhn-rén-fèn
三人份。

A large table
Dà chūo-zi
Dà chwō-dzih
大桌子。

Are these chairs free?
Yǒu méi yǒu zùo wèi?
Yǒ máy yǒ dzwò wày?
有沒有座位?

They are.
Yǒu
Yǒ
有。

Please go this way.
Qǐng zhè-biān lǎi.
Chǐng jùh-b'yān lǎi.
請這邊走。

What is the specialty today?
Jīn-tiān yǒu shén-me tè-bié-de?
Jīn-t'yēn yō shém-muh tùh-b'yéh-duh?
今天有什麼特別的?

What's it like?
Xìang shém-me dōng-xī?
Sh'yàhng shém-muh dūng-shēe?
像什麼東西？

What's in it?
Lǐ miàn yǒu xiē shén-me?
Lěe m'yèn yǒ sh'yēh shém-muh?
裏面有些什麼？

Is it ready?
Hǎo-le méi yǒu?
Hǒw-luh máy yǒ?
好了沒有？

How long will it take?
Hái-yào dūo jǐu?
Hái-yòw dwō j'yǒ?
還要多久？

fish	seafood	shrimps
yǔ	hǎi-xiān	xiā
yǔ	*hǎi-sh'yēn*	*sh'ya*
魚。	海鮮。	蝦。

meat	chicken	pork
rò-lèi	jī-ròu	zhū-roù
rò-lày	*jēe-rò*	*jōo-rò*
肉類。	鷄肉。	豬肉。

beef	lamb	soup
níu ròu	yáng rò	tāng
n'yó rò	*yáhng rò*	*tāhng*
牛肉。	羊肉。	湯。

bean curd	noodles	rice
dou-fū	miàn	fàn
dòh-fǒo	*m'yèn*	*fàhn*
豆腐。	麵。	飯。

vegetables
shū-cài
shōo-tsài
蔬菜。

mushrooms
cǎo-gū
tsów gōo
草菇。

cabbage
bái-cài
bái tsài
白菜。

fried in oil
yóu zhà
yó jà
油炸。

stir-fried
chǎo
chǒw
炒。

steamed
zhēng
jūng
蒸。

baked
kǎo
kǒw
烤。

Excuse me!
Duì-bù-qǐ!
Dwày-bòo-chěe!
對不起！

Miss! (Waitress)
Xiǎo-jiě!
Sh'yǒw-jee'-yěh!
小姐！

Please give me the check.
Qǐng gěi wǒ zhàng-dān.
Chǐng gǎy wǒ jàhng-dāhn.
請給我帳單。

The food (here) is very good.
Cài hěn hǎo.
Tsài hǔn hǒw.
菜很好。

We'll come back again.
Wǒ-mén jīang-huì zài-lái.
Wǒ-mún jēe'ahng-hwày dzài-lái.
我們將會再來。

This is a good restaurant.
Zhè shì-ge hǎo fàn guǎn.
Jùh shìh-guh hǒw fàhn gwǎhn.
這是個好飯館。

Do you have western food?
Yǒu méi yǒu xī cān?
Yǒ máy yǒ shēe tsāhn?
有没有西餐？

I want	**lamb**	**fried chicken**	**pork chops**	**beef**
Wǒ yào	yáng-ròu	zhà jī	zhū pái	niú-ròu
Wǒ yòw	*yáhng-rò*	*jà jēe*	*joō pái*	*n'yó-rò*
我要	羊肉	炸鷄	豬排	牛肉

rare	**well-done**
nèn-yī-diǎn	lǎo-yī-diǎn
nèn-yēe-d'yěn	*l'ǒw-yēe-d'yěn*
嫩一点	老一点

bread	**butter**
mièn-baō	niú-yóu
m'yèn-b'ōw	*n'yó-yó*
麵包	牛油

with	**beans**	**peas**	**carrots**	**potatoes**
pèi-shàng	sì-jì-doù	dòu	hóng-ló-bō	mǎ líng shǔ
pày-shàhng	*sìh-jèe-dòh*	*dòh*	*hóong-ló-bō*	*mǎ líng shǒo*
配上。	四季豆。	豆。	紅蘿蔔。	馬鈴薯。

salt	**pepper**	**hot sauce**	**garlic**
yán	hú jīao	là yóu	suàn
yén	*hóo j'yow*	*là yó*	*swàhn*
鹽。	楜椒。	辣油。	蒜。

You will find these dishes on many Chinese menus. We urge you to try them. They are delicious!

shark fin soup
yú chìh tāng
yú chìh tāhng
魚翅湯。

bird's nest soup
yàn wo tāng
yèn wō tāhng
燕窩湯。

winter melon soup
dōng guā tāng
dōong gwā tāhng
冬瓜湯。

appetizers
xiǎo-pīng-pán
sh'ŏw-pīng-pàhn
小拼盤。

Peking duck
Běi-jīng kǎo-yā
Bǎy-jīng kŏw-yā
北京烤鴨。

steamed flounder
qīng-zhēng-lóng-lì
chīng-júng-lúng-lèe
清蒸龍利。

lobster with black beans
dò-shǐ lóng-xiā
dòh-shǐh loóng-sh'ya
豆豉龍蝦。

Mongolian lamb
Měng-gǔ kǎo-ròu
Mǔng-gŏo kŏw-rò
蒙古烤肉。

Szechuan chicken
Gūng-bǎo jī-dīng
Gūng-bŏw jēe-dīng
宮保鷄丁。

meat-filled dumplings
gūo-tiē
gwō-t'yēh
鍋貼。

Spare ribs, sweet and sour
Táng-cù lǐ-jī
Táhng-tsòo lěe-jēe
糖醋裏肌。

Stir fried pork with pancakes
Mù-xū ròu
Mòo-shōo rò
木須肉。

Beef with oyster sauce
Háo-yóu niú-ròu
Hów-yó n'yóo-rò
蠔油牛肉

Lemon chicken
Níng-méng jī
Níng-múng jēe
檸檬鷄

Crisp skin fish
Cùi-pí-yú
Tswày-pée pí-yú
脆皮魚

Shrimp with cashews
Yāo-guǒ xīa-rén
Yōw-gwǒ sh'yā-rún
腰果蝦仁

Can you have dinner with us?
Néng bù néng hàn wǒ-mén yī-qǐ chī-fàn?
Núng bòo núng hàhn wǒ-mén yèe-chěe chī-fàhn?
能不能和我們一齊吃飯？

A very great pleasure!
Hěn gāo xìng!
Hǔn gōw shìng!
很高興。

We are going to the Great East Restaurant.
Wǒ-mén qù Dà-Dōng fàn-guǎn.
Wǒ-mún chù Dà-Dōong fàhn-gwǎhn.
我們去大東飯館。

Fine!
Hǎo-le!
Hǒw luh!
好了。

Picture characters:
A man 人 with his hands stretched out means "great"
大. "Sun" 日 and "tree" 木 blended together
make "east" 東, the place where one first sees the
sun through the trees in the early dawn. 大 and 東
together mean "Great East."

If you are invited to dinner, you might use these expressions in conversation with your host.

I like this very much.
Wǒ hěn xǐ-huān zhè-ge.
Wǒ hǔn shěe-hwāhn jùh-guh.
我很喜歡這個。

It is delicious.
Hěn hǎo chī.
Hǔn hǒw chīh.
很好吃。

Thank you for the wonderful dinner.
Xiè-xiè nǐ-de shèng cān.
Sh'yèh-sh'yèh něe-duh shùng tsāhn.
謝謝你的盛餐。

And, in answer to your thanks, your host will probably reply,

Don't mention it.
Bú kè qì.
Bóo kùh chèe.
不客氣。

Very happy you liked it.
Hěn gāo xìng nǐ xǐ-huān.
Hǔn gōw shìng něe shěe-hwāhn.

很高興你喜歡。

9. Transportation

Getting around by public transportation is enjoyable not only for the new and interesting things you see, but also because of the opportunities you have for practicing Chinese. To make your travels easier, use short phrases when speaking to drivers or asking directions. And don't forget **Duì-bù-qǐ** (Excuse me) and **Xiè-xiè nǐ!** (Thank you!).

Bus

Where is the bus?
Qì-chē zhàn zài nǎ-lǐ?
Chèe-chūh jàhn dzài nǎ-lěe?
汽車站在那裏？

I want to buy a ticket to the Tiān-ān-men.
Wǒ yào mǎi yì zhāng piào dào Tiān-ān-mén.
Wǒ yòw mў yèe jāhng p'yòw dòw T'yēn-āhn-mún.
我要買一張票到天安門。

53

. . . to the airport.
. . . dào jī chǎng.
. . . *dòw jēe chǎhng.*
到機場。

. . . to the museum.
. . . dào bó-wù-gǔan.
. . . *dòw bó-wòo-gwǎhn.*
到博物館。

. . . to the Temple of Heaven.
. . . dào Tiān-Tán.
. . . *dòw T'yēn-Táhn.*
到天壇。

I want to go to the Great Peking Hotel.
Wǒ yào qù Běi-jīng Dà Fàn-diàn.
Wǒ yòw chù Bǎy-jīng Dà Fàhn-d'yèn.
我要去北京大飯店。

Please tell me where to get off.
Chǐng gào-sù wǒ zài nǎ-ěr xià chē.
Chǐng gòw-sòo wǒ dzài nǎ-ěr sh'yà chūh.
請告訴我在那兒下車。

Taxi

Taxi!
Jì-chéng-chē!
Jèe-chúng-chūh!
計程車！

Where are you going?
Nǐ qù nǎ-lǐ?
Něe chǜ nǎ-lěe?
你去那裏？

To this address.
Qù zhè-ge dì zhǐ.
Chǜ jùh-guh dèe-jǐh.
去這個地址。

Do you know where it is?
Nǐ zhī dào zài nǎ-lǐ?
Něe jǐh-dòw dzài nǎ-lěe?
你知道在那裏？

Don't worry.
Bú yòng dān-xīn.
Bòo yòong dāhn-shīn.
不用担心。

I have a map.
Wǒ yǒu yī zhāng dì-tú.
Wǒ yǒ yēe jāhng dèe-tóo.
我有一張地圖。

I'm in a hurry.
Wǒ gǎn shí jiān.
Wǒ gǎhn shíh j'yěn.
我趕時間。

Quickly, please.
Qǐng kuài diǎn.
Chǐng kwài d'yěn.
請快點。

Slowly, please.
Qǐng màn diǎn.
Chǐng màhn d'yěn.
請慢點。

Right.
Yòu.
Yò.
右。

Left.
Zuǒ.
Tswǒ.
左。

Straight ahead.
Zhí.
Jíh.
直。

Stop here . . .
Tíng zài zhè-lǐ . . .
Tíng dzài jùh-lěe . . .
停在這裏⋯

On the corner.
Jiē jiǎo.
J'yēh jǒw.
街角。

Please wait a moment.
Qǐng děng yī děng.
Chǐng dǔng yēe dǔng.
請等一等。

Sorry, I can't wait.
Dùi-bù-qǐ, wǒ bù néng děng.
Dwày-bòo-chěe, wǒ bòo núng dǔng.
對不起，我不能等。

Then come back in 15 minutes.
Nà-me shí-wǔ fēn hòu huí lái.
Nà-muh shíh-wǒo fūn hò h'wáy lái.
那麼15分後回來。

Please come to the hotel tomorrow.
Míng tiān qǐng lái fàn diàn.
Míng t'yēn chǐng lái fàhn d'yèn.
明天請來飯店。

A visual reminder
"Two men" 人人 coming together under a tree 木
make the character "come" 來 .

At nine in the morning.
Shàng wǔ jiǔ diǎn.
Shàhng wǒo j'yǒ d'yěn.
上午九點。

At two in the afternoon.
Xià wǔ liǎng diǎn.
Shà wǒo l'yǎhng d'yěn.
下午二點。

Do you speak English?
Nǐ jiǎng Yīng-yǔ mā?
Něe j'yǎhng Yīng-yǔ mā?
你講英語嗎？

I speak a little Chinese.
Wǒ shuō yì-diǎn-diǎn Gúo-yǔ.
Wǒ shwō yèe-d'yěn-d'yěn Gwó-yǔ.
我說一點點國語。

Does anyone speak English?
Yǒu rén shuō Yīng-yǔ ma?
Yǒ rén shwō Yīng-yǔ ma?
有人說英語嗎？

Train

Where is the railroad station?
Hǔo-chē zhàn zài nǎ-lǐ?
H'wǒ-chǔh jàhn dzài nǎ-lěe?
火車站在那裏？

Where do I buy a ticket?
Zài nǎ-lǐ mǎi piào?
Dzài nǎ-leé mǎi p'yòw?
在那裏買票？

To Taipei.
Dào Tái-běi.
Dòw Tái-bǎy.
到台北。

To Shanghai.
Dào Shàng-hǎi.
Dòw Shàhng-hǎi.
到上海。

To Canton.
Dào Guǎng-
zhōu.
Dòw Gwǎhng-jō.
到廣州。

First class
Tóu děng
Tóh dǔng.
頭等。

Second class
Èr děng
Èr dǔng
二等。

Round trip
Lái huéi
Lái hwáy
來回。

One way
Dān chéng
Dāhn chúng
單程。

May I ask, where is the train for Hangchow?
Qǐng wèn, dào Háng-zhōu-de hǔo-chē zài nǎ-lǐ?
Chǐng wèn, dòw Háhng-jō-duh hwǒ-chūh dzài nǎ-lěe?
請問到杭州的火車在那裏？

What platform?
Nǎ-yī yuè-tái?
Nǎ-yēe yoo'èh-tái?
那一月台？

Platform 7.
Dì chī yuè tái.
Dèe chēe yoo'èh-tái.
第七月台。

A poetic concept
"Moon" 月 combined with "platform" 台 makes
"moon platform," 月台。 a terrace from which
scholars and poets liked to contemplate the moon. The
poetic word was adopted for the somewhat less than
poetic railroad platforms.

It's over there.   **Upstairs.**   **Downstairs.**
Zài nà biān.   Lóu-shàng.   Lóu-xià.
Dzài nà b'yēn.   *Ló-shàhng.*   *Ló-shiyà.*
在那邊。   樓上。   樓下。

What time does the train leave for Nanjing?
Dào Nán-jīng-de huǒ-chē jǐ-shí kāi?
Dòw Náhn-jīng-duh hwǒ-chūh jěe-shíh kāi?
到南京的火車幾時開？

It is all right to   **Don't worry.**   **It's all right.**
do this?   Méi guān xì.   Kě-yǐ-de.
Zhè yàng kě-yǐ   *Mày gwāhn shèe.*   *Kǔh-yěe duh.*
mā?   沒關係，   可以的。
Jùh yàhng kǔh-
yěe mā?
這樣可以嗎？

When do we get to Nanjing? (Nanking)
Dào Nán-jīng jǐ diǎn?
Dòw Náhn-jīng jěe d'yēn?
到南京幾點？

Does this train stop at Suzhou? (Suchow)
Zhè bān-chē Sū-zhōu tíng bù tíng
Jùh bāhn-chūh Sōo-jō tíng bòo tíng?
這班車蘇州停不停？

How long is the stop here?
Zài zhè-lǐ tíng duō-jiǔ?
Dzài jùh-lěe tíng dwō-j'yǒ?
在這裏停多久？

Where is the dining car?
Cān-chē zài nǎ-lǐ?
Tsāhn-chūh dzài nǎ-lĕe?
餐車在那裏？

Is it open now?
Xiàn-zài kāi-le ma?
Sh'yèn-dzài kāi-luh ma?
現在開了嗎？

Please show me your ticket.
Qǐng bǎ chē-piào ná chū lái.
Chǐng bǎ chūh-p'yòw ná chōo lái.
請把車票拿出來。

One moment, please.
Qǐng děng yì děng.
Chǐng dǔng yèe dǔng.
請等一等。

Here it is.
Zài zhè-lǐ.
Dzài jùh-lĕe.
在這裏。

I'm sorry,
Dùi-bù-qǐ,
Dwày-bòo-chĕe,
對不起，

you took the wrong train.
nǐ dā cuò chē le.
nĕe dā ts wò chūh luh.
你搭錯車了。

Where do you want to go?
Nǐ yào qù nǎ-lǐ?
Nĕe yòw chù nǎ-lĕe?
你要去那裏？

I want to go to Xīān.
(Sian)
Wǒ yào qù Xīān.
Wǒ yow chù Shēe-āhn.
我要去西安。

In that case . . .
Nà me . . .
Nà muh . . .
那麼…

You get off at the next station—
Nǐ zài xià yí zhàn xià chē—
Něe dzài shà yée jàhn sh'yà chūh—
這在下一站下車

then change trains.
zài huàn chē.
dzài hwàhn chūh.
再換車。

Ship

Please drive to the docks.
Qǐng kāi daò mǎ-tóu.
Chǐng kāi dòw mǎ-tóh.
請開到碼頭。

Pier number seven.
Qī hào mǎ-tóu.
Chēe hòw mǎ-tóh.
七號碼頭。

When does the ship sail?
Chuán jǐ diǎn kāi?
Ch'wáhn jěe ď'yěn kāi?
船幾點開？

When is the next ferry?
Xìa biān dù luén jǐ shí kāi?
Sh'yà b'yēn dòo loo'wén jee shíh kāi?
下班渡輪幾時開？

One ticket.
Yì zhāng pìao.
Yèe jāhng p'yòw.
一張票。

What is that island called?
Nà-ge dǎo míng jìao shén-me?
Nà-guh dǒw míng jòw shém-muh?
那個島名叫什麼？

How long does it take to cross?
Yào duō jiǔ cái dào nà biān?
Yow dwō j'yǒ tsái dòw nà b'yēn?
要多久才到那邊？

Car Rental

I want to rent a car.
Wǒ yào zū yí bù qì chē.
Wǒ yòw dzōo yée bòo chèe chūh.
我要租一部汽車。

motorcycle	**bicycle**
jī-chē	zì-xíng-chē
jēe-chūh	*dzìh-shíng-chūh*
機車。	自行車。

I want to rent this one.
Wǒ yào zū zhè-bù.
Wǒ yòw dzōo jùh-bòo.
我要租這部。

How much per day?
Yì tiān zū jīn duō shǎo?
Yèe t'yēn dzōo dwō sh'ǒw?
一天租金多少？

Per week?
Yí-ge xīng qī?
Yée-guh shīng chēe?
一個星期？

Where is there a gas station?
Jiā-yóu-zhàn zài nǎ-er?
J'yā-yó-jàhn d'zài nǎ-er?
加油站在那兒？

("where" can be translated either by *nǎ-lǐ* or *nǎ-er*)

How much is it per liter?
Yì gūng shēng duō-shǎo qián?
Yèe gōong shūng dwō-sh'ǒw ch'yén?
一公升多少錢？

Please fill the tank.
Qǐng bǎ yóu jiā mǎn.
Chǐng bǎ yó j'yā mǎhn.
請把油加滿。

Do you take credit cards?
Nǐ jiē shòu xīn-yòng-kǎ ma?
Nǐe jēe'yeh shò shìn-yòong-kǎ ma?
你接受信用卡嗎？

Illustration of a quality

The character 亻 in the credit card combination shows "man" standing by (his) words 言 . Together they mean "honesty" 信 .

Please check the tires.

Qǐng chá kàn . . . chē tāi.

Chǐng chá kàhn . . . chūh tāi.

請查看車胎。

. . . water
. . . shǔi.
. . . sh'wǎy
　　水。

. . . battery
. . . diàn-chí
. . . d'yèn-chíh
　　電池。

. . . oil
. . . yóu
. . . yó
　　油。

. . . brakes
. . . shā-chē
. . . shā-chūh
　　刹車。

Does this road go to Suzhou?

Zhè tiáo lù tōng-dào Sū-zhōu ma?

Jùh t'yów lòo tōong-dòw Sōo-jō ma?

這條路通到蘇州嗎?

Is the road good?

Lù hǎo bù hǎo?

Lòo hǒw bòo hǒw?

路好不好?

What is the next town?
Xìa-ge shāng zhèn shì shén-me?
Sh'yà-guh shāhng jèn shìh shém-muh?
下一個鄉鎮是什麼？

How far is it?
Yǒu duō yuǎn?
Yǒ dwō yoo'wěn?
有多遠？

Is there a good restaurant there?
Nà lǐ yǒu méi yǒu hǎo fàn-diàn?
Nà lěe yǒ máy yǒ hǒw fàhn-d'yèn?
那裏有沒有好飯店？

I'm sorry.
Hěn bào qiàn.
Hǔn b'òw ch'yèn.
很抱歉。

I don't know.
Wǒ bù zhī-daò.
Wǒ bòo jīh-dòw.
我不知道。

There is.
Yǒu.
yǒ.
有。

It is called the Phoenix.
Míng jiào Fèng-huáng.
Míng ch'yòw Fùng-hwáhng.
名叫鳳凰。

Follow this road.
Yán zhè tiáo lù zǒu.
Yén jųh t'yów lòo dzǒ.
沿這條路走。

At the canal turn left.
Zài yǜn-hé . . . zǔo zhǔan.
Dzài yǜn huh . . . zwǒ j'wǎhn.
在運河左轉。

Take the bridge over the canal.
Guò nà tiáo yùn-hé de qiáo.
Gwò nà t'yáo yùn-húh duh ch'yow.
過那條運河的橋。

Turn right.
Yòu zhǔan.
Yò j'wahn.
右轉。

Then go straight ahead.
Rán hoù zhí zǒu.
Ráhn hò jíh dzǒ.
然後直走。

Emergencies and Repairs

Stop!
Tíng!
Tíng!
停！

Please give me your license.
Qǐng nǐ gěi wǒ zhí-zhào
Chǐng nǐ gǎy wǒ jíh-jòw.
請你給我執照。

What happened?
Fā shēng shén-me shì?
Fā shūng shém-ma shìh?
發生什麼事？

You hit this man's bicycle.
Nǐ zhuàng-dào zhè-ge rén-de zì-xíng-chē.
Něe juh'wàhng-dào jùh-guh rén-duh dzih-shíng-chūh.
你撞到這個人的自行車。

I'm sorry.
Qiān bào chièn.
Jēn b'òw ch'yèn.
眞抱歉。

Is he all right?
Tā méi shì ba?
Tā máy shìh ba?
他沒事吧？

It was not my fault.
Bú shì wǒ-de cùo.
Bóo shìh wǒ-duh tswò.
不是我的錯。

Is that so?
Shì nà yàng mā?
Shìh nà yàhng mā?
是那樣嗎？

Excuse me.
Duì-bù-qǐ.
Dwày-bòo-chěe.
對不起。

Can you help?
Nǐ néng bāng máng ma?
Něe núng bāhng máhng ma?
你能幫忙嗎？

Please come with me.
Qǐng gēn wǒ lái.
Chǐng gūn wǒ lái.
請跟我來。

My car won't start.
Wǒ-de chē-zi fā bú dòng.
Wǒ-duh chūh-dzih fā bóo dòng.
我的車子發不動。

Please give me a push.
Qǐng tūi yì tūi.
Chǐng twāy yèe twāy.
請推一推。

That's fine!
Hǎo-le!
Hǒw-luh!
好了！

You are really kind!
Nǐ zhēn hǎo!
Něe jēn hǒw!
你眞好！

My tire is flat.
Wǒ-de chē-tāi bào le.
Wǒ-duh chūh-tāi b'òw luh.
我的車胎爆了。

Is there a garage near here?
Fù jìn yǒu méi yǒu xiū-chē-chǎng?
Fòo jìn yǒ máy yǒ sh'yōo-chūh-chǎhng?
附近有沒有修車廠？

What's the matter?
Zě-me le?
Dzǔh-muh luh?
怎麼了？

The car isn't going well.
Chē-zi bú duì zhìng.
Chūh-dzih bóo d'wày jìng.
車子不對勁。

It's hard to start.
Hěn nán kāi dòng.
Hǔn náhn kāi dòong.
很難開動。

Can you fix it?
Nǐ néng xiū ma?
Něe núng shyō ma?
你能修嗎？

About how much will it cost?
Dà gài yào duōshǎo qián?
Dà gùy yòw dwōsh'ǒw ch'yén?
大概要多少錢？

When will it be ready?
Hé shí kě xiū hǎo?
Húh shíh kǔh sh'yō hǒw?
何時可修好？

Maybe tomorrow.
Kě néng míng-tiān.
Kǔh núng míng-t'yēn.
可能明天。

The day after tomorrow.
Hòu-tiān.
Hò t'yēn.
後天。

We can fix it temporarily.
Kě-yǐ zhàn shí xiū hǎo.
Kǔh-yěe jáhn shíh sh'yō hǒw.
可以暫時修好。

觀

光

10. Sightseeing and Photography

We have combined these two important activities because you will want to take photographs of what you are seeing. If you are taking pictures indoors, be sure to ask the custodian, **Kĕ-yĭ ma?**—"Is it permitted?"

I need a guide.
Wŏ xū-yào yī ge xiàng-dăo.
Wŏ shū-yòw yēe guh shăhng-dŏw.
我需要個向導。

Are you a guide?
Nĭ shì xiàng-dăo ma?
Nĕe shìh shàhng-dŏw ma?
你是向導嗎？

Do you speak English?
Nĭ shuō yīng yŭ ma?
Nĕe shwō yīng yŭ ma?
你說英語嗎？

I speak a little Chinese.
Wŏ shuō yī-diăn-diăn Zhōng-guó huà.
Wŏ shwō yēe-d'yĕn-d'yĕn Joōng-gwó hwà.
我說一點點中國話。

71

Do you have a car?
Nǐ yǒu chē-zi ma?
Něe yǒ chūh-dzih ma?
你有車子嗎？

No. I don't have one.
Bù. Wǒ méi yǒu.
Bòo. Wǒ máy yǒ.
不，我沒有。

We want to go to the Great Wall . . .
Wǒ-mén yào qù Wàn-Lǐ-Cháng-Chéng . . .
Wǒ-mén yòw chù Wàhn-Lěe-Cháhng-Chúng . . .
我們要去萬里長城。

to the Tien An Men Square.
qù Tiān Ān Mén
chù T'yēn Āhn Mún
去天安門。

to the Forbidden City.
qù Gù-Gūng.
chù Gòo-Gōong.
去故宮。

to the Ming tombs.
qù Míng-Lìng.
chù Mǐng-Lìng.
去明陵。

to the Sun Yat Sen memorial.
qù Sūn Yì Xiān jì-niàn-guǎn.
chù Sōon Yěe Sh'yēn jèe-n'yèn-gwǎhn.
去孫逸先紀念館。

to the zoo.
qù dòng-wù-yúan.
chù dòong-wòo-yúen.
去動物園。

to the art museum.
qù yì-shù-guǎn.
chù yèe-shòo-gwǎn.
去藝術館。

to the shopping streets. (center)
Qù gòu wù zhōng xīn.
Chǔ gò wòo jōong shēen.
去購物中心。

to the North Lake.
Qù Běi Hǎi.
Chǔ Bǎy Hǎi.
去北海。

Very interesting!
Zhēn yǒu qù!
Jēn yǒ chǔ!
眞有趣！

Really beautiful.
Zhēn piào liàng.
Jēn p'yòw l'yàhng.
眞漂亮。

Can we rent a boat?
Kě-yǐ zū chuán ma?
Kǔh-yěe dzōo ch'wáhn ma?
可以租船嗎？

Is it all right to go in?
Kě-yǐ jìn qù mā?
Kùh-yěe jìn chǔ ma?
可以進去嗎？

Open
Kāi
Kāi
開。

Closed
Guān
Gwāhn
關。

What time does it open?
Shén-me shí-hòu kāi ne?
Shém-muh shée-hò kāi neh?
什麼時候開呢？

It opens at half past two.
Xià wǔ liáng diǎn bàn kāi.
Sh'yà wǒo l'yáhng d'yěn bàhn kāi.
下午兩點半開。

How much is the admission?
Rù-chǎng-fèi duō xiǎo?
Ròo-chǎhng-fày dwō sh'ǒw?
入場費多少？

One yuān.
Yì yuān.
Yèe yoo'wēn.
一元。

How much for children?
Ér tóng piào duō-shǎo?
Ér tóong p'yòw dwō-sh'ǒw?
兒童票多少？

There's no charge.
Miǎn fèi.
M'yěn fày.
免費。

Show me your ticket.
Ràng wǒ kàn nǐ-de piào.
Ràhng wǒ kàhn něe-duh p'yòw.
讓我看你的票。

Come this way.
Zhè biān zǒu.
Jùh b'yěn dzǒ.
這邊走。

It is forbidden to smoke.
Jìn-zhǐ xī-yān.
Jìn-jǐh shēe-yēn.
禁止吸煙。

What is this place called?
Zhè dì-fāng jiào shén-me?
Jùh dèe-fāhng jòw shém-muh?
這地方叫什麼？

Can one take photographs?
Kě-yǐ zhào xiàng ma?
Kǔh-yěe jòw shàhng ma?
可以照像嗎？

It is possible.
Kě-yǐ.
Kǔh-yěe.
可以。

It isn't possible.
Bù kě-yǐ.
Bòo kǔh-yěe.
不可以。

It is forbidden.
Jìn-zhǐ.
Jìn-jǐh.
禁止。

Where is there a camera shop?
Zhào-xiàng-guǎn zài nǎ-lǐ?
Jòw-sh'yàhng-gwǎhn dzài nǎ-lěe?
照相館在那裏？

I want to buy film.
Wǒ yào mǎi dǐ-piàn.
Wǒ yòw mǎi děe-p'yèn.
我要買底片。

For this camera.
Zhè-ge zhao-xiàng-jī yòng-de.
Jùh-guh jòw-sh'yàhng-jēe yòong-duh.
這個照相機用的。

Color film.
Cǎi-sè dǐ-piàn.
Tsǎi-sèh děe-p'yèn.
彩色底片。

Movie film.
Diàn-yǒng dǐ-piàn.
D'yèn-yǒong děe-p'yèn.
電影底片。

Can you repair this?
Nǐ néng xiū-lǐ zhè-ge mā?
Něe núng shōe-lěe juh-guh mā?
你能修理這個嗎？

Develop these.
Chōng-xǐ zhè xiē.
Chōong-shěe jùh sh'yēh.
冲洗這些。

Two of each.
Měi zhāng xǐ liǎng fèn.
Mǎy jāhng shěe l'yǎhng fùn.
每張洗兩份。

When will they be ready?
Shén-me shí-hòu kě-yǐ xǐ hǎo?
Shém-muh shíh-hò kǔh-yěe shèe hǒw?
什麼時候可以洗好？

Come back Wednesday.
Xīng-qī-sān lái ná.
Shīng-chée-sāhn lái ná.
星期三來拿。

May I take a photograph here?
Kě-yǐ zài zhè-lǐ zhào xiàng ma?
Kǔh-yěe dzài jùh-lěe jòw sh'yàhng ma?
可以在這裏照相嗎？

May I take a picture of you?
Kě-yǐ tì nǐ zhào-ge xiàng ma?
Kǔh-yěe tèe něe jòw-guh sh'yàhng ma?
可以替你照個相嗎？

Please stand here.
Qǐng zhàn zài zhè-lǐ.
Chǐng jàhn dzài jùh-lěe.
請站在這裏。

A smile, please.
Xiào yī xiào.
Sh'òw yēe sh'òw.
笑一笑。

Very good!
Hǎo jí le!
Hǒw jée luh!
好極了！

Will you take a photo-graph of me?
Qǐng nǐ bāng wǒ zhào yī zhāng?
Chǐng něe bāhng wǒ jǒw yēe jāhng?
請你幫我照一張？

In front of this.
Zài zhè qián-miàn.
Dzài jùh ch'yén-m'yèn.
在這前面。

Thank you.
Xìe-xìe.
Sh'yèh-sh'yèh.
謝謝。

Would you like me to send you a copy?
Yào bú yào wǒ sòng nǐ yì zhāng?
Yòw bóo yòw wǒ sòong něe yèe jāhng?
要不要我送你一張？

Your name?
Nǐ-de míng-zi?
Něe-duh míng-dzih
你的名字？

Address?
Dì-zhǐ?
Dèe-jǐh?
地址？

娛

樂

11. Entertainment

Things to Do

I would like to invite you . . .
Wǒ xiǎng qǐng nǐ . . .
Wǒ sh'yǎng chǐng něe . . .
我想請你···

to have lunch.
chī wǔ-fàn.
chīh wǒo-fàhn.
吃午飯。

to have dinner.
chī wǎn-fàn.
chīh wǎhn-fàhn.
吃晚飯。

to go to the theater.
qù kàn xì.
chù kàhn shèe.
去看戲。

to go to the movies.
qù kàn diàn-yǐng.
chù kàhn d'yèn-yǐng.
去看電影。

to go sightseeing.
qù guān guāng.
chù gwāhn gwāhng.
去觀光。

Excuse me, I can't.
Dùi-bù-qǐ, wǒ bù néng.
Dwày-bòo-chěe, wǒ bòo núng.
對不起，我不能。

I'm very busy today.
Wǒ jīn-tiān hěn máng.
Wǒ jī-t'yēn hǔn máhng.
我今天很忙。

I'm very tired.
Wǒ hěn lèi.
Wǒ hǔn lày.
我很累。

I don't feel well.
Wǒ bù shū fú.
Wǒ bòo shōo fóo.
我不舒服。

Perhaps another time?
Xià sì ba
Shà cè ba?
下次吧？

Do you like . . . ?
Nǐ xǐ-huān . . . ma?
Něe shěe-hwān . . . ma?
你喜歡…嗎？

movies
diàn yǐng
d'yèn yǐng
電影。

dancing
tiào-wǔ
t'yòw-wǒo
跳舞。

to play tennis
tǎ wǎng qǔi
tǎ wǎhng ch'yǒ
打網球。

to play Ping-Pong
dǎ Pīng-Pāng
dǎ Pīng-Pāhng
打乒乓。

Tomorrow I want to go (to the) . . .
Míng-tiān wǒ yào qù . . .
Míng-t'yēn wǒ yòw chù . . .
明天，我要去…

park.
gūng yüán.
gōong-yoo'wén.
公園。

beach.
hǎi-bīn.
hǎi-bīn.
海濱。

shops.
shāng-diàn.
shāhng-d'yèn.
商店。

old city.
gǔ chéng.
gǒo chúng.
古城。

temple.
mìao.
m'yòw.
廟。

museum.
bó-wù-gúan.
bó-wòo-gwáhn.
博物館。

Theater, Nightclub

Let's go to the theater.
Wǒ-mén qù xì-yuàn ba.
Wǒ-mun chǜ shèe-yoo'wèn ba.
讓我們去戲院吧。

Two seats.
Liǎng-ge zùo wèi.
L'yǎhng-guh dzwò wày.
兩個座位。

Who is the star?
Jiǔ-jıǎo shì shéi?
Jǔ-jǒw shìh sháy?
主角是誰？

Isn't she beautiful?
Tā pìao bú pìao lìang?
Tā p'yòw bóo p'yòw l'yàhng?
她漂不漂亮？

When does the show start?
Hé shí kāi mù?
Húh shíh kāi mòo?

何時開幕？

Right away!
Mǎ shàng!
Mǎ shàhng!

馬上！

Do you like it?
Nǐ xǐ-huān ma?
Něe shěe-hwāhn ma?

你喜歡嗎？

It's great!
Hǎo bàng!
Hǒw bàhng!

好棒！

It's very funny!
Hǎo xiào!
Hǒw sh'yòw!

好笑！

It's interesting.
Yǒu qù.
Yǒ chù.

有趣。

The dancing is very graceful.
Tiào-de hěn yōu měi.
T'yòw-duh hǔn yō mǎy.

跳得很優美。

Is it over?
Wán le?
Wáhn luh?
完了嗎？

Let's go to a nightclub.
Dào yè zŏng huì qù ba.
D'òw yèh dzŭng hwày chù ba.
到夜總會去吧。

Shall we dance?
Kě-yǐ tiào wǔ mā?
Kŭh-yěe t'yòw wŏo mā?
可以跳舞嗎？

Your dancing is very good!
Nǐ tiào-de hěn hǎo!
Něe t'yào-duh hŭn hŏw!
你跳得很好！

Thank you!
Xìe-xìe!
Sh'yèh-sh'yeh!
謝謝！

Your dancing is also very good.
Nǐ yě tiào-de hěn hǎo.
Něe yěh t'yòw-duh hŭn hŏw.
你也跳得很好。

It's very late, isn't it?
Bú shì hěn wǎn de mā?
Bóo shìh hŭn wăhn duh mā?
不是很晚了嗎？

Yes, it is.
Shì-de.
Shèe-duh.
是的。

It's after twelve.
Yĭ jīng guò shí-èr diăn le.
Yĕe jīng gwò shíh-èr d'yĕn luh.
已經過十二點了。

Let's leave!
Zŏu ba!
Tsŏ ba!
走吧！

Waiter, please give me the check.
Fú-wù-shēng, qĭng gĕi zhàng dān.
Fóo-wòo-shūng, chĭng găy jàhng dāhn.
服務生，請給帳單。

Invitation to Dinner

Can we have dinner together this evening?
Jīn-tiān wăn-shàng kĕ-yĭ yì-qĭ chì-fàn ma?
Jīn-t'yēn wăhn-shàhng kŭh-yĕe yèe-chĕe chìh fàhn ma?
今天晚上，可以一齊吃飯嗎？

. . . or tomorrow?
. . . hùo-shì míng-tiān?
. . . hwò-shìh míng-t'yēn?
　　或是明天？

With pleasure!
Hĕn róng xìng!
Hŭn róng shìng!
很榮幸！

At what time?
Shén-me shí-hòu?
Shén-muh shíh-hò?
什麼時候？

At eight o'clock.
Bā diǎn.
Bā d'yěn.
八點。

The address is here.
Dì-zhǐ zài zhè-er.
Dèe-jǐh dzài jùh-er.
地址在這兒。

Welcome!
Huān yíng!
Wāhn yíng!
歡迎！

Please come in!
Qǐng jìn!
Chǐng jìn!
請進！

Excuse me.
Duì-bù-qǐ.
Dwày-bòo-chěe.
對不起。

I am late.
Wǒ lái wǎn le.
Wǒ lái wǎhn luh.
我來晚了。

It doesn't matter.
Méi guān xì.
Máy gwāhn shèe.
沒關係。

Please sit down.
Qǐng zùo.
Chǐng dzwò.
請坐。

What a beautiful house!
Hǎo piào liàng-de fáng-zi!
Hǒw p'yòw l'yàhng-duh fáhng-dzih!
好漂亮的房子！

What a fine restaurant!
Hěn hǎo-de fàn-guǎn!
Hǔn hǒw-duh fàhn-gwǎhn!
很好的飯館！

This is . . .
Zhè shì . . .
Jùh shìh . . .
這是…

my good friend.
wǒ-de hǎo péng-yǒu.
wǒ-duh hǒw púng-yǒ.
我的好朋友。

my wife.
wǒ-de tài-tài.
wǒ-duh tài-tai.
我的太太。

my son.
wǒ-de ér-zi
wo-duh ér-dzih
我的兒子。

my daughter.
wǒ-de nǚ-ér.
wǒ-duh nǚ-ér.
我的女兒。

my mother.
wǒ-de mǔ-qīn.
wǒ-duh mǒo-chīn.
我的母親。

my father.
wǒ-de fù-qīn.
wǒ-duh fòo-chīn.
我的父親。

my husband.
wǒ-de zhàng-fú.
wǒ-duh jàhng-fōo.
我的丈夫。

Very happy to meet you!
Hěn gāo-xìng néng jiàn-dào nǐ.
Hŭn gōw-shìng núng j'yèn-dòw nĕe.
很高興能見到你！

What will you have to drink?
Nǐ xiǎng hē shén-me yǐn liào?
Nĕe shăhng hūh shém-muh yǐn l'yòw?
你想喝什麼飲料。

If you please, a whiskey and soda.
Qǐng gěi wǒ yī bēi hūei-shì-jì jiā sō-dǎ shǔi.
Chǐng găy wǒ yēe bāy wāy-shìh-jèe j'yā sō-dǎ sh'wǎy.
請給我一杯威士忌加蘇打水。

To your health!
Zhù nǐ jiàn-kāng!
Jòo nĕe j'yèn-kāhng!
祝你健康！

Dry cup! (Bottoms up!)
Gān bēi!
Gāhn bāy!
乾杯！

Dinner is ready.
Wǎn-cān yǐ jīng hǎo le.
Wǎhn-tsāhn yĕe jīng hŏw luh.
晚餐已經好了。

Please sit down here.
Qǐng zuò zhè-lǐ.
Chǐng dzwò jùh-lĕe.
請坐這兒。

The food is delicious!
Cài hěn hǎo chī!
Tsài hǔn hǒw chīh!
菜很好吃！

Have a little more!
Dūo chī yì diǎn!
Dwō chīh yèe d'yěn!
多吃一點！

Try this!
Cháng-cháng-zhè-ge!
Cháhng-chahng jùh-guh!
嘗嘗這個！

Many thanks!
Xiè, xiè!
Sh'yèh, sh'yèh!
謝謝！

I've already eaten very much.
Wǒ yǐ chī tài dūo le.
Wǒ yěe chīh tài dwō luh.
我已吃太多了。

This evening was very enjoyable.
Zhè shì-ge kùai le de wǎn-shàng.
Jùh shìh-guh kwài luh duh wǎhn shàhng.
這是個快樂的晚上。

I'm sorry.
Zhēn bào qiàn.
Jēn b'òw chèn.
眞抱歉。

I must go.
Wǒ děi xiān zuǒ-le.
Wǒ day sh'yěn dzwǒ-luh.
我得先走了。

Tomorrow morning I'm taking an early plane.
Míng-tiān yì zǎo wǒ děi gǎn yī bān fēi-jī.
Mīng-t'yēn yèe dzǒw wǒ dǎy gǎhn yēe bāhn fāy-jēe.
明天一早我得趕一班飛機。

That's too bad!
Nà zhēn bù qiǎo!
Nà jēn bòo chǒw!
那真不巧！

But I understand.
Bú guò wǒ néng liǎo jiě.
Bóo gwò wǒ núng l'yǒw j'yěh.
不過我能瞭解。

Have a good trip!
Lǚ tú yǔ kuài!
Lǚ tóo yǔ kwài!
旅途愉快！

Come again!
Xìa cì zài lái!
Xhà tsùh dzài lái!
下次再來！

Good luck!
Hǎo yùn!
Hǒw yùn!
好運！

Good-bye
Zài-jiàn!
Dzài-j'yèn!
再見！

12. Conversation

Do you live in Shanghai?
Nǐ zhù-zài Shàng-hǎi ma?
Něe jòo-dzài Shàhng-hǎi ma?
你住在上海嗎？

Where are you from?
Nǐ shì nǎ-lǐ rén?
Něe shìh nǎ-lěe rén?
你是那裏人？

I am from Suzhou.
Wǒ shì Sū-zhōu rén.
Wǒ shìh Sōo-jō rén.
我是蘇州人。

Really!
Zhēn-de!
Jēn-duh!
眞的！

It's a very beautiful city!
Hěn měi-de chéng-shì!
Hěn měy-duh chúng-shìh!
很美的城市！

91

Illustrative Characters:

The second character in the title of this section means "speech." It is formed by "mouth" 口 out of which come lines that signify "words" 言 .

The object coming out of the mouth 舌 means "tongue." "Words" and "tongue" together means "speech" 話 . The character before "speech" in the title of this section means "meeting." Hence "meeting" plus "speech" equals "conversation."

Very interesting.
Hěn yǒu qù.
Hǔn yǒ chù.
很有趣 。

Beautiful.
Měi-lì.
Mǎy-lèe.
美麗 。

The scenery is very beautiful.
Fēng jǐng hěn měi.
Fūng jǐng hǔn mǎy.
風景很美 。

Chinese people are very friendly.
Zhōng-gúo rén hěn yǒu shàn.
Jōong-kwó rén hěn yǒ shàhn.
中國人很友善 。

Have you been to Běijing?
Qù gùo Běi-jīng méi yǒu?
Chù gwò Bǎy-jīng máy yǒ?
去過北京沒有 ?

Not yet.
Hái méi yǒu.
Hái máy yǒ.
還沒有 。

You should go.
Nǐ yīn-gāi qù.
Něe yīn-gāi chù.
你應該去。

It is an ancient city.
Nà shì-ge gǔ-lǎo de chéng-shì.
Nà shìh-guh gǒo-l'ǒw-duh chúng-shìh.
那是個古老的城市。

The temples are beautiful.
Miào hěn zhuāng yán.
M'yòw hǔn j-wāhng yén.
廟很莊嚴。

The imperial palaces are magnificent.
Huáng gūng xióng-wěi.
H'wáhng gōong shúng-wǎy.
皇宮雄偉。

At the same time, you can go to the Great Wall.
Tóng shí, nǐ kě-yǐ qù Cháng-Chéng.
Tóong-shíh, něe kǔh-yěe chù Cháhng-Chúng.
同時，你也可以去長城。

Were you ever in Kuèi-lín?
Nǐ dào-guò Guì-lín méi-yǒu?
Něe dòw-gwò Gwày-lín máy-yǒ?
你到過桂林沒有？

Not yet.
Hái méi yǒu.
Hái máy yǒ.
還沒有。

I would like to go.
Wǒ hěn xiǎng qù.
Wǒ hǔn sh'yahng chù.
我很想去。

I want to go to see the scenery.
Wǒ yào qǔ kàn kan fēng jǐng.
Wǒ yòw chǔ kàhn kahn fūng jǐng.
我要去看看風景。

How long are you staying here?
Nǐ zài zhè-lǐ dūo jiǔ?
Nēe dzài chùh-lěe dwō j'yǒ?
你住這裏多久？

A few days.	**Three weeks.**	**One month.**
Jǐ tiān.	Sān-ge xīng-qī.	Yí-ge yuè.
Jěe t'yēn.	*Sāhn-guh shīng-chēe.*	*Yée-guh yoo'èh.*
幾天。	三個星期。	一個月。

Were you ever in China before?
Yǐ qián lái gùo Zhōng-gúo ma?
Yěe ch'yén lái gwò Jōong-gwó ma?
以前來過中國嗎？

Five years ago.	**A long time ago.**
Wǔ nián qián.	Hěn jiǔ yǐ qián.
Wǒo n'yén ch'yén.	*Hěn jǒ yěe ch'yén.*
五年前。	很久以前。

This is my first visit.
Zhè shǐ wǒ-de dì-yí cì.
Jùh shìh wǒ-duh dèe-yée tsìh.
這是我第一次。

I am on a tour.
Wǒ cān j'ya lǚ-xíng-tuán lái de.
Wǒ tsāhn jā lǚ-shíang-twáhn lái duh.
我參加旅行團來的。

At what hotel are you staying?
Nǐ zhù zài nǎ yì jīa lǚ-guǎn?
Něe jòo dzài nǎ yèe jā lǚ-gwǎhn?
你住在那一家旅館？

Do you like China?
Nǐ xǐ-huān Zhōng-guó ma?
Něe shěe-hwāhn Jōong-gwó ma?
你喜歡中國嗎？

I like it very much.
Wǒ hěn xǐ-hūan.
Wǒ hěn shěe-hwāhn.
我很喜歡。

Are you American?
Nǐ shì Měi-gúo rén?
Něe shìh Mǎy-gwó rén?
你是美國人嗎？

That's right.
Shì de.
Shìh duh.
是的。

I am from New York.
Wǒ shì Niǔ Yuē rén.
Wǒ shìh N'yǒ Yu'wēh rén.
我是紐約人。

I speak just a little Chinese.
Wǒ zhǐ huì jiǎng yì-diǎn-diǎn Zhōng-guó-huà.
Wǒ jǐh h'wày j'yǎhng yèe-d'yěn-d'yěn Jōong-gwó-hwà.
我只會講一點點中國話。

I think you speak very well.
Wǒ jué-de nǐ jiǎng-de hěn hǎo.
Wǒ jóo'eh-duh něe j'yǎhng-duh hǔn hǒw.
我覺得你講得很好。

You are very kind.
Nǐ hěn hǎo.
Něe hǔn hǒw.
你很好。

Are you married?
Nǐ jíe hūn le ma?
Něe j'yéh hwūn luh ma?
你結婚了嗎？

Married.
Yǐ hūn.
Yěe hwūn.
已婚。

Single.
Dān shēn.
Dāhn shēn.
單身。

Is (your husband) (your wife) here?
Nǐ (zhàng-fu) (tài-tài) zài zhè-er ma?
Něe (jàhng-foo) (tài-tài) dzài jùh-er ma?
你丈夫（太太）在這兒嗎？

Yes, indeed.
Shì-de.
Shìh-duh.
是的。

He (she) is over there.
Zài nà-lǐ.
Dzài nà-lěe.
在那裏。

He (she) is with some friends.
Tā hè péng yǒu zài yì-qǐ.
Tā hùh púng yǒ dzài yèe-chěe.
他（她）和朋友在一齊。

Have you children?
Yǒu méi yǒu xiǎo hái?
Yǒ máy yǒ sh'ǒw hái?
有沒有小孩？

Boys or girls?
Nán-hái huò-shì nǔ-hái?
Náhn-hái hwò-shìh nǔ-hái?
男孩或是女孩？

One boy one girl.
Yì nán yì nǔ.
Yèe náhn yèe nǔ.
一男一女。

How old are they?
Tā-men yǒu duō dà?
Tā-men yǒ dwō dà?
他們有多大？

The boy is five.
Nán-hái wǔ sùi.
Nán-hái wǒo swày.
男孩五歲。

The girl is ten.
Nǔ-hái shí sùi.
Nǔ-hái shíh swày.
女孩十歲。

This a photograph of them.
Zhè shì tā-mén-de zhào-piàn.
Jùh shìh tā-mén-duh jòw-p'yèn.
這是他們的照片。

They are charming!
Hǎo kě-ài!
Hǒw kǔh-ài!
好可愛！

Do you know that man over there?
Nǐ rèn-shì nà yí wei xiān shēng ma?
Něe rèn-shìh nà yée wày sh'yēn shūng ma?
你認識那一位先生嗎？

Do you know that lady over there?
Nǐ rèn shì nà wèi nǔ-shì ma?
Něe rèn shèe nà wày nǔ-shì ma?
你認識那位女士嗎？

He (she)	**(a) lawyer**	**businessperson**
Tā shì . . .	lǜ-shī	zhǔ-guǎn
Tā shìh . . .	*lǜ-shīh*	*jǒo-gwǎhn*
他（她）	是…律師。	主管。

actor
yǎn-yǔan
yěn-yǔ'wen
演員。

musician
yīn-yuè-jiā
yīn-yoo'èh-j'yā
音樂家。

government official
zhèng-fǔ guān-yüán
jùng-fǒo gwāhn-yü'wén
政府官員。

army officer
jūn-guān
jūn-gwāhn
軍官。

teacher
jiào-shì
j'yōw-shìh
教師。

student
xuí shēng
shwáy shūng
學生。

author
zùo jīa
dzwò jēe'ah
作家。

artist
yì shù jīa
yèe-shòo-jēe'ah
藝術家。

movie star
diàn yǐng míng xīng
d'yèn-yǐng míng-shīng
電影明星。

He (she) is Chinese.
Tā shì Zhōng-gúo-rén.
Tā shìh Jōong-gwó-rén.
他（她）是中國人。

Japanese
Rì-běn-rén
Rèe-běn-rén
日本人。

American
Měi-gúo-rén
Mǎy-gwó-rén
美國人。

English
Yīng-gúo-rén
Yīng-gwó-rén
英國人。

French
Fà-gúo-rén
Fà-gwó-rén
法國人。

Russian
É-gúo-rén
Úh-gwó-rén
俄國人。

Australian
Aò-dì-lì-rén
Oẁ-dèe-lèe-rén
奧地利人。

Canadian
Jiā-ná-dà-rén
J'yā-ná-dà-rén
加拿大人。

South American
Nán-měi-rén
Náhn-mǎy-rén
南美人。

What city are you from?
Nǐ cóng nǎ-ge chéng shì lái-de?
Něe tsóong nǎ-guh chúng shìh lái-duh?
你從那個城市來的？

What province are you from?
Nǐ shì nǎ yì shěng rén?
Něe shìh nǎ yèe shǔng rén?
你是那一省人？

What is your occupation?
Nǐ-de zhí-yè shì shén-me?
Née-duh jíh-yèh shìh shém-muh?
你的職業是什麼？

This is my card.
Zhè shì wǒ-de míng-piàn.
Jùh shìh wǒ-duh míng-p'yèn.
這是我的名片。

This is my address.
Zhè shì wǒ-de dìzhǐ.
Jùh shìh wó-duh dèe-jǐh.
這是我的地址。

This is the phone number.
Zhè shì diàn-hùa hào-mǎ.
Jùh shìh d'yèn-hwà hòw-mǎ.
這是電話號碼。

If you come to San Francisco,
Rú guǒ nǐ lái Jiù Jīn Shān,
Róo gwǒ nĕe lái J'yò Jīn Shāhn,
如果你來舊金山，

please telephone me.
qǐng dǎ diàn-hùa gěi wǒ.
chǐng dǎ t'yèn-hwà gǎy wǒ.
請打電話給我。

It was very pleasant meeting you.
Hěn gāo xìng néng jiàn-dào nǐ.
Hŭn gōw shìng núng jee'yèn-dòw nĕe.
很高興能見到你。

Some of the following expressions may prove useful at the proper moment.

You are charming.
Nǐ hěn mí rén.
Něe hǔn mée rén.
你很迷人。

May I telephone you?
Wǒ kě-yǐ dǎ diàn hùa gěi nǐ mā?
Wǒ kǔh-yěe dǎ d'yèn hwà gǎy něe mā?
我可以打電話給你嗎？

tomorrow morning	**early**	**late**
míng tiān zǎo shàng	zǎo yì diǎn	wǎn yèe diǎn
míng t'yēn dzǒw shàhng	*dzǒw yèe d'yěn*	*wǎhn yèe d'yěn*
明天早上。	早一點。	晚一點。

Can we meet again?
Wǒ-mén kě-yǐ zài jiàn miàn ma?
Wǒ-mén kǔh-yěe dzài j'yèn m'yèn ma?
我們可以再見面嗎？

When?
Shén-me shí-hòu?
Shén-muh shée-hò?
什麼時候？

Where?
Shén-me dì-fāng?
Shém-muh dèe-fahng?
什麼地方？

Are you angry?
Nǐ shēng qì le ma?
Nee shūng chèe luh ma?
你生氣了嗎？

Why?
Wèi shén-me?
Wày shém-muh?
爲什麼？

Where are you going?
Nǐ qù nǎ-lǐ?
Něe chù nǎ-lěe?
你去那裏？

Let's go together!
Yī qǐ qù ba!
Yēe chée chù ba!
一齊去吧！

You are very beautiful . . .
Nǐ zhēn piào . . . liàng.
Něe jēn p'yòw . . . l'yàhng.
你眞漂亮。

. . . graceful
. . . yōu yá
. . . yō yá
   優雅。

intelligent
cōng míng
tsōong míng
聰明。

This is a present for you.
Zhè diǎn lǐ-wù sòng gěi nǐ.
Chùh d'yěn lěe-wòo sùng gǎy něe.
這點禮物送給你。

Could you give me your photograph?
Nǐ kě-yǐ gěi wǒ yì chāng zhào piàn ma?
Něe kǔh-yěe gǎy wǒ yèe chāhng jòw p'yèn ma?
你可以給我一張照片嗎？

Don't forget!
Bié wàng le!
B'yéh wàhng luh!
別忘了！

I like you very much.
Wǒ hěn xǐ-huān nǐ.
Wǒ hǔn shěe-hwāhn něe.
我很喜歡你。

Is that true?
Zhè shì zhēn de ma?
Jùh shìh jēn duh ma?
這是真的嗎？

Do you like me too?
Nǐ yě xǐ-huān wǒ ma?
Něe yěh shěe-hwāhn wǒ ma?
你也喜歡我嗎？

Some informal greetings.

Haven't seen you for some time.
Hěn jiǔ méi jiàn dào nǐ.
Hǔn jǒ máy j'yèn dòw něe.
很久沒見到你。

Make yourself at home.
Bú yào jū shù.
Bóo yòw jū shòo.
不要拘束。

Have you been doing well?
Nǐ jìn lái hǎo mā?
Něe jìn lái hǒw mā?
你近來好嗎？

Great!
Heň hǎo!
Hún hǒw!
很好！

Congratulations!
Gōng xǐ!
Gōong shěe!
恭喜！

Or:

Not so good.
Bù zě-me hǎo.
Bòo dzǔh-muh hǒw.
不怎麼好。

So, so.
Mǎ ma, hǔ hu.
Mǎ ma, hǒo hoo.
馬馬虎虎。

Don't worry.
Bú yào dān xīn.
Bóo yòw dāhn shīn.
不要担心。

Business will get better.
Shēng yì hùi hǎo qǐ lái.
Shūng yèe hwày hǒw chěe lái.
生意會好起來。

Let's sit down.
Qǐng zùo ba.
Chǐng dzwò ba.
請坐吧。

Would you like something to drink?
Nǐ xiǎng hē diǎn shén-me?
Něe sh'yǎhng hūh d'yěn shén-muh?
你想喝點什麼？

購
物

13. Shopping

Generally the name of a shop is formed by **diàn** preceded by the things sold there, such as "flower shop"—**huā-diàn**, and **yào-diàn** "medicine shop" (drugstore). Remember to say the kind of shop first, followed by *zài nǎlǐ?* (where is it?)

Where is there a jewelry store?
Zhū bǎo diàn zài ná-lǐ?
Jōo b'ǒw d'yèn dzài nǎ-lěe?
珠寶店在那裏？

perfume shop
xiāng-shuǐdiàn
Sh'yāhng shwǎy d'yèn
香水店。

flower shop
hūadiàn
hwā d'yèn
花店。

toy shop
wán-jù diàn
wáhn jòo d'yèn
玩具店。

camera shop
xiàng-jī diàn
sh'yàhng jēe d'yèn
相機店。

barber shop
lí-fǎ diàn
lée fǎ d'yèn
理髮店。

beauty shop
měi róng yuàn
mǎy-róong yoo'wèn
美容院。

food market
shí pǐn-diàn
shíh pǐn d'yèn
食品店。

drugstore
yào-diàn
yòw d'yèn
藥店。

Where can I find . . . ?
Wǒ zài ná-lǐ kě-yǐ zhǎo dào . . . ?
Wó dzài nǎ-lěe kǔh-yěe jǒw dòw . . . ?
我在那裏可以找到…?

English-language books?
Yīng-wén shū?
Yīng-wén shōo?
英文書?

English language newspapers?
Yīng-wén bào?
Yīng-wén b'òw?
英文報?

art objects?
yì shù pǐn?
yèe shòo pǐn?
藝術品?

silk?
sī?
sīh?
絲?

paintings?
hùa?
hwà?
畫?

department store?
bǎi-hùodiàn?
bǎi-hwòd'yèn?
百貨店?

foreign exchange store?
wài-bì duì-huàn shāng-
    diàn?
*wài-bèe dwày-hwàhn
    shāhng-d'yèn?*
外幣兌換商店？

Come in!
Qǐng jìn!
Chǐng jìn!
請進！

Excuse me.
Duì bù qǐ.
Dwày bòo chěe.
對不起。

Thank you.
Xiè xiè nǐ.
Sh'yèh sh'yèh něe.
謝謝你。

Welcome!
Huān yíng!
Hwāhn yíng!
歡迎！

Do you wish something?
Nǐ yào shén-me dōng-xī
    ma?
*Něe yòw shém-muh
    dōong-shēe ma?*
你要什麼東西嗎？

I'm only looking.
Wǒ zhǐ shì kàn-kan.
Wǒ jǐh shìh kàhn-kahn.
我只是看看。

I'll be back later.
Wǒ děng xià zài lái.
Wǒ dǔng shà dzài lái.
我等下再來。

I would like to buy a present—
Wǒ xiǎng mǎi yí fèn lǐ wù—
Wǒ sh'yǎng mǎi yée fùn lěe wòo—
我想買一份禮物——

for my wife.
gěi tài-tai de.
gǎy tài-tai duh.
給太太的。

for my husband.
gěi xiān-shēng de.
găy shēn-shŭng duh.
給先生的。

for a man.
gěi nán-rén de.
găy náhn-rún duh.
給男人的。

for a lady.
gěi nǔ-rén de.
găy nǔ-rún duh.
給女人的。

I like this one.
Wǒ xǐ-huān zhè-ge.
Wǒ shěe-hwāhn jùh-guh.
我喜歡這個。

How much is it?
Dūo shǎo qián?
Dwō sh'ǒw ch'yén?
多少錢？

Please show me another.
Qǐng gěi wǒ kàn-kan bié-de.
Chǐng găy wǒ kàhn-kahn b'yéh-duh.
請給我看看別的。

Not so expensive.
Bú tài gùi-de.
Bóo tài gwày-duh.
不太貴的。

Is it possible to try it on?
Kě yǐ shì-chuān mā?
Kǔh yěe shìh-ch'wāhn mā?
可以試穿嗎？

Does it fit?
Hé-shēn ma?
Húhshūn-ma?
合身嗎？

Can you alter it?
Kě-yǐ xiū gǎi ma?
Kǔh-yěe sh'yō gǎi ma?
可以修改嗎？

What day will it be ready?
Nǎ tiān kě-yǐ gǎi hǎo?
Nǎ t'yēn kǔh-yěe gǎi hǒw?
那天可以改好？

Please send it to this address.
Qǐng sòng dào zhè-ge dì-zhǐ.
Chǐng sùng dòw jùh-guh dèe-jǐh.
請送到這個地址。

Is a credit card o.k.?
Jiē shòu xìn-yòng-kǎ ma?
J'yēh shò shìn yòong kǎ ma?
接受信用卡嗎？

I want this one.
Wǒ yào zhè-ge.
Wǒ yòw jùh-guh.
我要這個。

I'll pay cash.
Wǒ fù xiàn jīn.
Wǒ fōo sh'yèn jīn.
我付现金。

Please give me the receipt.
Qǐng gěi wǒ shōu-jù.
Chǐng gǎy wǒ shō-jù.
請給我收據。

Clothes

---

blouse
nǚ shàng-yī
nǚ shàhng-yēe
女上衣。

skirt
chèn-yī
chùn-yēe
襯衣。

suit
tào-zhūang
t'òw-j'wāhng
套裝。

coat
dà-yī
dà-yēe
大衣。

hat
mào-zi
mów-dzih
帽子。

scarf
wéi-jīn
wáy-jīn
圍巾。

handbag
shǒu-tí-bāo
shǒ-tée-b'ōw
手提包。

gloves
shǒu-tào
shǒ-t'òw
手套。

dress
nǚ-zhūang
nǚ-j'wahng
女裝。

jacket
wài tào
wài-t'òw
外套。

tie
lǐng dài
lǐng-dài
領帶。

socks
wà zi
wà-dzih
襪子。

shoes
xié
sh'yéh
鞋。

underwear
nèi-yī
này-yēe
內衣。

undershorts
nèi-kù
này-kòo
內褲。

pajamas
shùi-yī
shwày-yēe
睡衣。

stockings
sī-wà
sīh-wà
絲襪。

slip
sān-jiǎo-kù
sāhn-jee'ǒw-kòo
衫裙。

brassiere
nǎi-zhào
nǎi-jòw
奶罩。

panties
kù-wà
kòo-wà
褲襪。

nightgown
shùi-páo
shwày-pów
睡袍。

bathrobe
yù-paó
yù pǒw
浴袍。

swimsuit
yǒng-yī
yoǒng-yēe
泳衣。

Western clothes
Xī zhūang
Shēe j'wāhng
西裝。

Chinese clothes
Táng zhūang
Táhng j'wāhng
唐裝。

Sizes, Colors, Materials

What size?
Shén-me chǐ mā?
Shém-muh chǐh mā?
什麼尺碼？

small
xiǎo hào
sh'ǒw hòw
小號。

medium
zhōng hào
jōong hào
中號。

large
dà hào
dà hòw
大號。

larger
jiào dà
j'yòw dà
較大。

smaller
jiào xiǎo
j'yòu sh'ǒw
較小。

longer
jiào cháng
j'yòw cháhng
較長。

shorter
jiào duǎn
j'yòw dwǎhn
較短。

What color?
Shén-me
  yán-sè?
*Shém-muh
  yén-sèh?*
什麼顏色？

red
hóng
hóong
紅。

yellow
huáng
hwáhng
黄。

green
lù
lù
綠。

blue
lán
láhn
藍。

brown
kāfēi
kā-fāy
咖啡。

black
hēi
hāy
黑。

white
bái
bái
白。

gray
huī
hwāy
灰。

purple
zǐ-hóng
dzǐh-hóong
紫紅。

darker
jiào shēn
j'yòw shūn
較深。

lighter
jiào qiǎn
j'yòw ch'yěn
較淺。

Is it silk?
Shì sī-de mā?
Shìh sīh-duh mā?
是絲的嗎？

linen
má
má
麻。

wool
máo
m'ów
毛。

cotton
mián
m'yén
棉。

lace
hūa-biān
hwā-b'yēn
花邊。

leather
pí
pée
皮。

What kind of fur is this?
Zhè shì shén-me pí-máo?
Jùh shìh shém-muh pée-m'ów?
這是什麼皮毛？

fox
hú
hóo
狐。

beaver
lài
lài
獺。

mink
diāo
d'yōw
貂。

seal
hǎi-bào
hǎi-b'òw
海豹。

rabbit
tù
tòo
兔。

imitation fur
rén zào-pí
rén dzòw-pée
人造皮。

Newsstand

---

magazines
zá-zhì
dzá-jìh
雜誌。

newspapers
bào-zhǐ
b'òw-jǐh
報紙。

postcards
míng-xìn-piàn
míng-shìn-p'yèn
明信片。

map of the city	**guidebook**	**in English**
shì-qū dì-tú	dăo-yóu-shŏu-	Yīng-wén de
shìh-chōo dèe-tóo	cè	*Yīng-wén duh*
市區地圖。	*dŏw-yó-shó-tsùh*	英文的。
	導遊手册。	

Drugstore 藥房。

---

toothbrush
yá-shūa
yá-shwā
牙刷。

toothpaste
yá-gāo
yá-gōw
牙膏。

razor
dāo-piàn
dōw-p'yèn
刀片。

shaving cream
guā-hú-gāo
gwā-hóo-gōw
刮鬍膏。

soap
féi-zào
fáy-dzòw
肥皂。

hairbrush
fă-shūa
fă-shwā
髮刷。

comb
shū zi
shōo-dzih
梳子。

aspirin
ā-sī-pī-lín
āh-sīh-pēe-lín
阿斯匹林。

bandage
jiāo bù
j'yōw bòo
膠布。

scissors
jiăn-dāo
j'yēn-dōw
剪刀 。

nail file
zhí-jĭa-cùo
jíh-j'yă-tswò
指甲銼 。

cigarette
xiāng-yān
sh'yāhng-yēn
香烟 。

match
hŭo-chái
hwŏ-chái
火柴 。

cigar
xuĕ-jiā
sh'wĕh-j'yā
雪茄 。

cough drops
ké-sòu-yào-shŭi
kúh-sò-yòw-shwăy
咳嗽葯水 。

Beauty Shop 美容院 。

---

powder
fĕn
fŭn
粉 。

lipstick
kŏu-hóng
kŏ-hóong
口紅 。

eye shadow
yăn-xiàn-gāo
yĕn-sh'yèn-gōw
眼線膏 。

nail polish
zhí-jĭă-yóu
jíh-j'yă-yó
指甲油 。

eyebrow pencil
méi-bĭ
máy-bĕe
眉筆 。

perfume
xiāng-shŭi
sh'yāhng-shwăy
香水 。

skin cleanser
jié fū-jì
j'yéh fōo-jèe
潔膚劑 。

shampoo
xĭ-fă-jīng
shĕe-fă-jīng
洗潔精 。

cotton
mián-huā
m'yén-hwā
棉花 。

I want my hair washed.
Wǒ yào xǐ tóu fǎ.
Wǒ yòw shěe tóh fǎ.
我要洗頭髮。

set
zùo-tóu-fǎ
dzwò-tóh-fǎ
做頭髮。

hair spray
fǎ-jiāo
fǎ-j'yōw
髮膠。

manicure
xiū-zhí-jiǎ
sh'yō-jǐh-jǎ
修指甲。

pedicure
xiū-jiǎo-zhí-jiǎ
sh'yō-j'yǒw-jǐh-j'yǎ
修腳指甲。

Barber 理髮。

---

shave
guā hú zi
gwā hóo dzih
刮鬍子。

haircut
lí fǎ
lée fǎ
理髮。

massage
àn mó
àhn mó
按摩。

short
duǎn
dwǎhn
短。

Don't cut too much.
Bú yào jiǎn tài dūo
Bóo yòw j'yěn tài dwō.
不要剪太多。

That's just fine!
Zhèng hǎo!
Jùng hǒw!
正好！

Food Market 食品商場

Five of this . . .
Zhè zhǒng wǔ ge . . .
Jùh jǒong wǒo guh . . .
這種五個…

Ten of that . . .
Nèi zhǒng shí-ge . . .
Này jǒong shíh-guh . . .
那種十個…

Three cans of this.
Zhè zhǒng sān-guàn.
Jùh jǒong sāhn-gwàhn.
這種三罐。

Is this fresh?
Xīn xiān ma?
Shīn sh'yēn ma?
新鮮嗎？

How much is it per pound?
Yí bàng dūo-shǎo qián?
Yée bàhng dwō-sh'ǒw ch'yén?
一磅多少錢？

Can I buy wine?
Wǒ kě yǐ mǎi jiǔ ma?
Wǒ kǔh yěe mǎi j'yǒ ma?
我可以買酒嗎？

beer
pí-jiǔ
pée-j'yǒ
啤酒。

mineral water
kuàng-quán shǔi
kwàhng-j'wén, shwǎy
礦泉水。

three bottles
sān píng
sāhn píng
三瓶。

Jewelry   珠寶。

I want to see . . .   **ring(s).**
Wǒ yào kàn . . .   jiè-zhě.
Wǒ yòw kàhn . . .   *j'yèh-jǐh.*
我要看…   戒指。

wrist-   **necklace(s).**   **bracelet(s).**   **earrings.**
  watch(es).   xiàng-liàn.   shǒu-zhúo.   ěr-huán.
shǒu-biǎo.   *sh'yàhng-*   *shǒ-j'wó.*   *ěr-hwáhn.*
shǒ-b'yǒw.   *l'yèn.*   手鐲。   耳環。
手錶。   項鍊。

Is this gold?   **Or is it gold plated?**
Zhè shì jīn de?   Hùo shì dù jīn de?
Jùh shìh jīn duh?   *Hwò shìh dòo jīn duh?*
這是金的？   或是鍍金的？

platinum   **silver**
bái jīn   yín
bái-jīn   *yín*
白金。   銀。

jade   **pearl(s)**   **diamond(s)**
yù   zhēn-zhū   zhuàn-shí
yù   *jēn-jōo*   *j'wàhn-shíh*
玉。   珍珠。   鑽石。

ruby (rubies)
hóng-bǎo-shí
hóong-bǒw-shíh
紅寶石。

sapphires
lán bǎo-shí
láhn b'ǒw-shíh
藍寶石。

emeralds
zǔ-mǔ-lǜ
jǒo-mǒo-lǜ
祖母綠。

Antiques 古董。

I want to buy . . .
Wǒ yào mǎi . . .
Wǒ yòw mǎi . . .
我要買…

(a) carving.
diāo-kè.
d'yōw-kùh.
雕刻。

scroll painting.
zì-huà.
dzìh-hwà.
字畫。

vase.
huā-píng.
hwā-píng.
花瓶。

porcelain.
cí-qì.
tsíh-chèe.
瓷器。

embroidery.
chì-xiù.
chìh-sh'yò.
刺繡。

screen.
pín-fēng.
pín-fūng.
屏風。

chair.
yǐ-zī.
yěe-dzih.
椅子。

table.
zhūo-zi.
j'wō-dzih.
桌子。

It's really beautiful!
Zhēn měi ya!
Jēn měy ya!
真美呀！

From what dynasty is it?
Tā chū zì nǎ yì cháo-dài?
Tā chōo dzih nǎ yèe chów-dài?
它出自那一朝代？

Can you ship it?　　　　　. . . to this address.
Nǐ kě dài yùn ma?　　　　. . . dào zhè dì-zhǐ.
Née kǔh dài yùn ma?　　. . . *d'òw jùh dèe-jǐh.*
你可代運嗎？　　　　　…到這地址。

What are the shipping charges?
Yùn fèi dūo-shǎo?
Yùn fày dwō-sh'ǒw?
運費多少？

14. Telephone

In this section designed to help you make telephone calls in Chinese, the characters usually given on the fourth line are omitted. Because you will be speaking on the telephone you will not be able to point to them as suggested in previous sections. If the person you are speaking to does not speak English, the Chinese given here should be sufficient for your needs. And remember the phrase, "Please speak slowly"—written in pinyin as: Qǐng shūo màn-màn (pronounced: *Chǐng shwō màhn-mahn*).

Where is the telephone?
Diàn huà zài nǎ-lǐ?
D'yèn-hwà dzài nǎ-lěe?

a public telephone
gōng-gòng diàn-hùa
goōng-goòng d'yèn-huà

What coin do I put in?
Yòng nǎ zhǒng yìng bì?
Yoòng nǎ jǒong yìng bèe?

Hello! Is Mr. Lee there?
Wéi! Lǐ xiān-shēng zài ma?
Wáy! Lěe sh'yén-shūng dzài ma?

No, he's not. He went out.
Bú zài. Tā chū qù le.
Bóo dzài. Tā chōo chǔ luh.

When is he coming back?
Tā shén-me shí-hòu húi lái?
Tā shém-muh shíh-hò hwáy lái?

I am . . .
Wǒ shì . . .
Wǒ shìh . . .

Please repeat.
Qǐng chóng-fù yí biàn.
Chǐng chóong-fòo yée b'yèn.

At three o'clock.
Zài sān diǎn zhōng.
Dzài sāhn d'yěn jōong.

Good. I'll call back.
Hǎo. Wǒ hùi dǎ húi lái.
Hǒw. Wǒ hwày dǎ hwáy lái.

Who are you?
Nǐ shì shéi?
Nǐ shìh sháy?

Please take a message.
Qǐng xiě-xià lái.
Chǐng sh'yěh-sh'yà lái.

I am . . .
Wǒ shì . . .
Wǒ shìh . . .

My number is . . .
Wǒ-de hào-mǎ shì . . .
Wǒ-duh hòw-mǎ shìh . . .

Hello! Are you the hotel operator?
Wéi! Nǐ shì fàn-diàn jiēh-xiàn-shēng ma?
Wáy! Něe shìh fàhn-d'yèn j'yēh-sh'yèn-shūng ma?

Do you speak English?
Nǐ hùi shūo yīng-wén ma?
Něe hwày shwō yīng-wén ma?

I want to call America.
Wǒ yào jiē Měi-gúo.
Wǒ yòw y'yēh Mǎy-gwó.

I want the number . . .
Wǒ yào hào-mǎ . . .
Wǒ yòw hòw-mǎ . . .

305-761-4829.
sān-líng-wǔ - qī-liù-yī - sì-bā-èr-jiǔ.
sāhn-líng-wǒo - chēe-l'yò-yēe - sìh-bā-èr-j'yǒ.

collect call
dùi-fāng fù-qián diàn-huà
dwày-fāng fòo-ch'yén d'yèn hwà.

The line is busy.
Diàn-hùa-xiàn máng.
D'yèn-hwà-sh'yèn máhng.

Sorry. Wrong number.
Dùi-bù-qǐ. Jiē cùo hào.
Dwày-bòo-chěe. J'yēh tswò hòw.

And, if you don't have access to a public phone . . .

May I use your phone?
Wǒ kě-yǐ jiè yòng nǐ-de diàn-huà ma?
Wǒ kǔh-yěe j'yèh yòong něe-duh d'yèn-hwà ma?
我可以借用你的電話嗎？

It's a local call.
Zhǐ dǎ dāng-dì-de diàn-hùa.
Jǐh dǎ dāhng-dèe-duh d'yèn-hwà.
只打當地的電話。

Certainly. Go ahead.
Hǎo. Qǐng yòng ba.
Hǒw. Chǐng yòong ba.
好。請用吧。

You are very kind.
Nǐ zhēn hǎo.
Něe jēn hǒw.
你眞好。

Excuse me, how much is the call?
Dùi-bù-qǐ, diàn-hùa-fèi dūo-shǎo?
Dwày-bòo-chěe, d'yèn-huà-fày dwō-sh'ǒw?
對不起，電話費多少？

There is no charge.
Bú bì fù qián.
Bóo bèe fòo ch'yén.
不必付錢。

郵
政

15. Post Office

Letters—Telegrams—A Postcard
in Chinese

Are there letters for me?
Yoǔ méi yǒu wǒ-de xìn-jìn?
Yǒ máy yǒ wǒ-duh shìn-jìn?
有没有我的信件？

I need writing paper.
Wǒ xū yào xìn-zhǐ.
Wǒ shū yòw shìn-jǐh.
我需要信紙。

envelopes	**postcards**	**pen**
xìn-fēng	míng-xìn-piàn	bǐ
shìn-fūng	*míng-shìn-p'yèn*	*běe*
信封。	明信片。	筆。

pencil	**stamps**	**(Chinese) writing brush**
qiān-bǐ	yóu-piào	máo-bǐ
ch'yēn-běe	*yò-p'yòw*	*m'ów-běe*
铅笔。	邮票。	毛笔。

Where is the post office?
Yóu-jú zài nǎ-lǐ?
Yó-jú dzài nǎ-lěe?
邮局在那里？

How much for air mail stamps . . . to America?
Háng-kóng yóu-piào duō- | jì Měi-guó de?
shǎo qián . . . | *jè Mǎy-gwó duh?*
Háhng-kóong yó-p'yòw | 寄美国的？
dwō-sh'ǒw ch'yén . . .
航空邮票多少钱…

Canada	**Australia**	**England**	**India**
Jiā-ná-dā	Aò-zhōu	Yīng-guó	Ìn-dù
J'yā-ná-dā	*Òw-jō*	*Yīng-gwó*	*Ìn-dòo*
加拿大。	澳洲。	英国。	印度。

Where is the telegraph office?
Diàn bào jú zài nǎ-lǐ?
D'yèn b'òw jǒo dzài nǎ-lěe?
电报局在那里？

I want to send this.
Wǒ yào pāi-fā zhè xiè.
Wǒ y'òw pāi-fā jùh sh'yèh.
我要拍发这些。

How much per word?
Měi zì dūo-shǎo qián?
Mǎy dzìh dwō-sh'ǒw ch'yén?
每字多少钱？

Try Your Hand at Copying Some Chinese

Chinese has been a written language for thousands of years and is the world's oldest writing system still in use. There are many thousands of characters, all of which have separate meanings and which combine with each other to make other words or concepts.

The relatively new pinyin system of writing Chinese in the Roman alphabet is still not generally used by the Chinese people. Although it is being taught in schools as an alternate system of writing along with the characters, it may not supplant the traditional characters for years to come, if ever, because most Chinese prefer the use of the Chinese characters with their tradition of art, literature, poetry, and history.

A number of Chinese characters have simplified forms, generally favored in the People's Republic of China. In the first section of this book we have used the traditional form. For the remainder of the book you will find the simplified characters. This way anyone to whom you show the fourth line will understand either the shortened form on the mainland or the traditional form used in Taiwan and other Chinese areas overseas. Relatively few of the thousands of characters have been simplified and the Chinese word symbols still retain their unusual design and beauty. (Actually these simplified forms are not really new because many shortened forms were in use by merchants and bankers as far back as the Sung dynasty, five hundred years ago.)

For the traveler visiting China it might be interesting to send a short message to friends at home written in simplified Chinese characters or in the pinyin alphabet. Simply copy the following message either in Chinese characters or in the Romanized pinyin and your friends, although they may be temporarily puzzled, will realize that your trip to China went beyond seeing hotels, shops, and a few tourist sights.

Dear friend,

Best wishes from China.
Beijing is a beautiful city.
Today I am going to visit the Forbidden City and the Great Wall.
Until I see you,

Qīn-ài-de peńg-yǒu,

Lái zì Zhōng-gúo-de zhù-fú.
Běi-Jīng shì ge Mei-lì-de chéng-shì.
Jīn-tīan wǒ qù cān-gūan Gù-Gōng
hàn Cháng-Chéng.
Zài jiàn,

亲爱的朋友：

来自中国的祝福。

北京是个美丽的城市。

我要去参观故宫。

和长城。

再见。

The Beijing accent: Visitors to Beijing and surrounding areas will notice that a final "r" is added in the pronunciation of certain words such as *shì* (yes, is, are, etc.) *huā* (flower), and *zhè* (this), which become *shìrr*, *huār*, and *zhèr*. This final "r" is also sometimes added to words ending in *biān*, like *xià biān* (under) and *shàng biān* (over), which become *xià biānr* and *shàng biānr*. At times a final "r" is substituted for an "n" as in *fàn gŭan* (restaurant), which in Beijing is pronounced *fan gŭar*.

季
節

16. Seasons and Weather

winter
dōng
dōong
冬。

spring
chūn
ch'wūn
春。

summer
xià
sh'yà
夏。

autumn (fall)
qiū
ch'yō
秋。

How is the weather today?
Jīn-tiān tiān-qì zěn yàng?
Jīn-t'yēn t'yēn-chèe dzěn yáhng?
今天天氣怎樣？

The weather is fine.
Tiān-qì hěn hǎo.
T'yēn-chèe hǔn hǒw.
天氣很好。

It's very hot, isn't it?
Taì rè, shì-bú-shì?
Taì rùh, shìh-bóo-shìh?
太熱，是不是？

Let's go swimming!
Qǜ yóu yǒng!
Chǜ yó yǒong!
去游泳！

Where is the swimming pool?
Yóu-yǒng-chí zài nǎ-lǐ?
Yó-yǒong-chíh dzài nǎ-lěe?
游泳池在那裏？

the beach
hǎi-tān
hǎi-tāhn
海灘。

Is it all right to swim here?
Kě yǐ zài zhè-lǐ yóu yǒng-ma?
Kǔh yěe dzài chùh-lěe yó yǒong-ma?
可以在这里游泳吗？

Now it's raining.
Xiàn-zài xià-yǔ le.
Sh'yèn-dzài sh'yà-yǔ luh.
现在下雨了。

It's windy.
Fēng tài dà.
Fūng tài dà.
风太大。

I need an umbrella.
Wǒ xǖ-yào yì bǎ yǔ-sǎn.
Wǒ shǖ-yòw yèe bǎ yǔ-sǎhn.
我需要一把雨伞。

a raincoat
yí-jiàn yǔ-yī
yée-j'yèn yǔ-yēe
一件雨衣。

It's snowing.
Zài xià xuě.
Dzài sh'yà sh'wǎy.
在下雪。

It's very cold.
Hěn lěng.
Hǔn lǔng.
很冷。

Do you like to ice-skate?
Nǐ xǐ-huān liū bīng ma?
Něe shěe-hwān l'yō bīng ma?
你喜欢溜冰吗？

I want to rent ice skates.
Wǒ yào zū liū-bīng-xié.
Wǒ yòw dzōo l'yō-bīng-sh'yéh.
我要租溜冰鞋。

The weather is very good today, isn't it?
Qīn tiān, tiān-qì hěn hǎo, shì-bú-shì?
Jīn tiēn, tiēn-chèe hǔn hǎo, shì-bú-shì?
今天天气很好是不是？

Let's go to the zoo!
Wǒ-mén qù dòng-wù-yuán.
Wǒ-mén chǜ dòong-wòo-yoo'wén!
我们去动物园！

Where are the tigers?
Lǎo-hǔ zài nǎ-lǐ?
L'ǒw-hǒo dzài ně-lěe?
老虎在那里？

(the) monkeys
hóu-zi
hó-dzih
猴子。

(the) elephants
xiàng
sh'yàng
象。

(the) pandas
xióng-māo
sh'yohng-m'ōw
熊貓。

Note: There is no difference in sound or spelling be-
tween the singular or plural of nouns. However, when

individual objects are counted, special classifiers are used according to what kind of an object or thing is being counted (see page 164).

醫

生

17. Doctor

I am ill.
Wǒ shēng bìng le.
Wǒ shūng bìng luh.
我生病了。

I need a doctor.
Wǒ xū-yào ge yī-shēng.
Wǒ shū-yòw guh yēe-shūng.
我需要个医生。

It's an emergency.
Shì jí-zhěn.
Shìh jée-jěn.
是急诊。

Can he come now?
Tā xiàn-zài néng lái mā?
Tā sh'yèn-dzài núng lái mā?
他现在能来吗？

What's the matter?
Zě-me húi shì?
Dzǔh-muh hwáy shìh?
怎么回事？

Where does it hurt?
Nǎ-lǐ tòng?
Nǎ-lěe tòong?
那里痛？

Here.
Zhè-lǐ.
Jùh-lěe.
这里。

The head hurts.
Tóu tòng.
Tóh tòong.
头痛。

stomach
dù-zi
dòo-dzih
肚子。

ear
ěr-dūo
ěr-dwō
耳朵。

throat
hóu-lóng
hó-lóong
喉咙。

back
bèi
bày
背。

leg
tǔi
twǎy
腿。

chest
xiōng
sh'yōong
胸。

knee
qī-gài
chēe-gài
膝蓋。

foot
jiǎo
j'yǒw
脚。

arm
shǒu bèi
shǒ bày
手臂。

hand
shǒu
shǒ
手。

I am dizzy.
Wǒ tóu-hūn.
Wǒ tóh-hwūn.
我头晕。

I have a fever.
Wǒ fā-shāo.
Wǒ fā-sh'ōw.
我发燒。

I have diarrhea.
Wǒ xiè dù-zi.
Wǒ sh'yèh dòo-dzih.
我泻肚子。

When did this start?
Shén-me shí-hòu kāi shǐ?
Shém-muh shíh-ho kāi shǐh?
什么时候开始？

Since yesterday.
Cóng zúo tiān qǐ.
Tsóong tswó t'yēn chěe.
从昨天起。

For several days.
Yǒu hǎo jǐ tiān le.
Yǒ hǒ jěe t'yēn luh.
有好几天了。

What did you eat?
Nǐ chī-le xiē shén-me?
Nēe chīh-luh sh'yēh shém-muh?
你吃了些什么？

Please undress.
Qǐng kuān yī.
Chǐng kwāhn yēe.
请宽衣。

Lie down!
Tǎng xià!
Tǎhng sh'yà!
躺下！

Stand up!
Zhàn qǐ lái!
Jàhn chěe lái!
站起来！

Breathe deeply!
Shēn hū-xī!
Shēn hōo-shēe!
深呼吸！

Open your mouth!
Zhāng-kāi zuǐ!
Jāhng-kāi dzwǎy!
张开咀！

Put out your tongue!
Shé-tóu shēn chū lái!
Shúh-tóh shēn chōo lái!
舌头伸出来！

Cough!
Ké sòu!
Kúh sò!
咳嗽！

Please get dressed.
Qǐng chuān-yī.
Chǐng ch'wāhn-yēe.
请穿衣。

Is it serious?
Yán-zhòng ma?
Yéhn-jòong ma?
严重吗？

Don't worry!
Méi-gūan-xì!
Máy-gwāhn-shèe!
没关系！

It's indigestion.
Shì bù-xiāo-hùa.
Shìh bòo-sh'yow-hwà.
是不消化。

a cold
gǎn-mào
gǎhn-m'òw
感冒。

a virus
gùo-lǔ-xìng bìng-dú
gwò-lǔ-shìng bìng-dóo
过滤性病毒。

Stay in bed.
Zài chuáng shàng xiū-xí.
*Dzài ch'wáhng shāhng
  sh'yó-shée.*
在床上休息！

You must rest.
Nǐ bì-xū duō xiū-xí.
*Něe bèe-shū dwō sh'yō-
  shée.*
你必需多休息。

Take this medicine.
Chī xià zhè xiē-yào.
Chīh sh'yà jùh sh'yēh-yòw.
吃下这些药。

Don't eat too much!
Bú yaò chī tài dūo!
Bóo yòw chīh tài dwō!
不要吃太多！

Don't drink liquor!
Bú yào hē liè jiǔ!
Bóo yòw hūh l'yèh j'yǒ!
不要喝烈酒！

Be careful!
Xiǎo xīn!
Sh'yǒw shīn!
小心！

It may be appendicitis.
Kě néng shì máng-cháng-yán.
Kǔh núng shìh máhng-cháhng-yáhn.
可能是盲肠炎。

a heart attack.
xīn-zàng-bìng.
shīn-dzàhng bìng.
心脏病。

You must go to the hospital.
Nǐ bì xǔ zhù yuàn.
Něe bèe shǔ jòo yüèn.
你必需住院。

How do you feel today?
Nǐ jīn-tiān gǎn jué zěn yàng?
Něe jīn-t'yēn gǎhn j'wéh dzěn yàhng?
你今天感觉怎样？

Not good.
Bù hǎo.
Bòo hǒw.
不好。

Better.
Hǎo yì diǎn.
Hǒw yèe d'yěn.
好一点。

Just fine!
Hái hǎo!
Hái hǒw!
还好！

牙

醫

18. Dentist

In the unlikely event that the dentist should hurt you, tell him **Qǐng tíng yí xià!**—"Please stop for a moment!" or **Zhè tòng!**—"It hurts!" This will give you time to regain your courage.

Is there a good dentist here?
Zhè-lǐ yǒu hǎo-de yá-yī ma?
Jùh-lěe yǒ hǒw-duh yá-yēe ma?
这里有好的牙医吗？

This tooth hurts.
Zhè-ge yá chǐ-tòng.
Jùh-guh yá chǐh-tòong.
这个牙齿痛。

Do I need a filling?
Wǒ xū-yào bǔ-yá?
Wǒ shōo-yòw bǒo-yá?
我需要补牙？

How long will it take?
Yào duō jiǔ?
Yòw dwō j'yǒ?
要多久？

Fix it temporarily.
Zhàn shí bǔ shàng.
Jàhn shíh bǒo shàhng.
暂时补上。

Wait a minute!
Děng yì děng!
Dǔng yèe dǔng!
等一等！

It really hurts!
Hǎo tòng!
Hǒw tòong!
好痛！

Please stop for a moment!
Qǐng tíng yí xià!
Chǐng tíng yée shà!
请停一下！

An injection for pain.
Dǎ yì zhēn zhǐ tòng jì.
Dǎ yèe jēn jǐh tòong jèe.
打一针止痛剂。

You need to have the tooth pulled.
Nǐ xū-yào bá-yá.
Něe shōo-yòw bá-yá.
你需要拔牙。

Is it finished now?
Xiàn-zài hǎo le ma?
Sh'yèn-dzài hǒw luh ma?
现在好了吗？

What is the charge?
Dūo-shăo qián?
Dwō-sh'ŏw ch'yén?
多少钱？

警察

19. Problems and Police

Although the problems suggested here may never happen to you, the words are useful to know, just in case! Also, when addressing a policeman (**jǐng chá**) don't forget to call him "Mr. Policeman" (**jǐng-chá xiān-shēng**).

Call the police!
Jiào jǐng chá!
J'yòw jǐng chá!
叫警察！

Help!
Jiù mìng!
J'yò mìng!
救命！

There has been an accident.
Zhè lǐ fā shēng chē-huò.
Jùh lěe fā shūng chūh-hwò.
这里发生车祸。

Call an ambulance!
Jiào jiù-hù-chē!
J'yòw j'yò-hòo-chūh!
叫救护车！

Police officer!
Jǐng-chá xiān-shēng!
Jǐng-chá sh'yēn-shūng!
警察先生！

A man stole my suitcase.
Yǒu rén tōu le wǒ-de shǒu-tí-xiāng.
Yǒ rén tōh luh wǒ-duh shǒ-tée-sh'yāhng.
有人偷了我的手提箱。

He took my wallet.
Tā ná zǒu le . . . wǒ de
   qián-bāo.
*Tā ná dzǒ luh . . . wǒ-de
   ch'yén-b'ōw.*
他拿走了我的钱包。

. . . wristwatch
. . . shǒu-biǎo
. . . shǒ-b'yǒw
手表。

There he is!
Jiù shì tā!
J'yó shìh tā!
就是他！

Stop him!
Zhūo zhù tā!
Jwō jòo tā!
捉住他！

I have lost . . . my traveler's checks.
Wǒ yí-shī le wǒ-duh lǚ-xíng zhī-piào.
Wǒ yée-shīh luh wǒ-duh lǚ-shíng jīh-p'yòw.
我遗失了旅行支票。

my camera.
wǒ-de zhào-xiàng-
  jī . . .
*Wǒ-duh jòw-
  sh'yàhng-
  jēe . . .*
我的照相机…

my passport . . .
wǒ-de hù-zhào
  . . .
*wǒ-duh hòo-jòw
  . . .*
我的护照…　。

my baggage.
wǒ-de xíng-li.
wo-duh shíng-lee.
我的行李。

Have you found my things?
Yǒu méi yǒu zhǎo-dào wǒ-de dōng-xī?
Yǒ máy yǒ jów-dòw wǒ-duh dōong-shēe?
有没有找到我的东西？

Stop!
Tíng!
Tíng!
停！

What's the matter?
Zě-me le?
Dzǔh-muh luh?
怎么了？

Don't take photos!
Bú yào pāi zhào!
Bóo yòw pāi jòw!
不要拍照！

I did not know this was forbidden.
Wǒ bù zhī-dào zhè shì bèi jìn-zhǐ-de.
Wǒ bòo jīh-dòw jùh shìh bày jìn-jěe-duh.
我不知道这是被禁止的。

I did not take any photographs.
Wǒ méi yǒu pāi-zhào.
Wǒ máy yǒ pāi-jòw.
我没有拍照。

This is my passport.
Zhè shì wǒ-de hù-zhào.
Chùh shìh wǒ-duh hòo-jòw.
這是我的护照。

I am an American.
Wǒ shì Měi-guó rén.
Wǒ shìh Mǎy-gwó rén.
我是美国人。

Englishman
Yīng-guó rén
Yīng-gwó rén
英国人。

Canadian
Jiā-ná-dà rén
j'yā-ná-dà rén
加拿大人。

Australian
Aò-zhōu rén
Oẁ-jō rén
澳洲人。

Please call my consulate.
Qǐng dǎ diàn-huà gěi wǒ-gde lǐng-shì-guǎn.
Chǐng dǎ d'yèn-hwà gǎy wǒ-gduh lǐng-shìh-gwǎhn.
请打电话给我的领事馆。

Can I go now?
Wǒ xiàn-zài kě-yǐ zǒu le ma?
Wǒ sh'yèn-dzài kǔh-yěe dzǒ luh ma?
我现在可以走了吗？

商

務

20. Business

As in the telephone section, the section on business is offered without the Chinese characters. The reason for including this section is that, although most business meetings with foreign clients are carried on with interpreters present, the use of key business words and phrases will make an excellent impression on your Chinese contacts, whether in mainland China, Taiwan, Hong Kong, or Singapore. It will indicate to them that you have not restricted your Chinese vocabulary to words of greeting and eating, but also have taken the trouble to learn some Chinese business vocabulary, an accomplishment that is sure to reflect favorably on you. Also, before a business meeting, brush up on the other polite expressions in the preceding sections. Your use of some Chinese in your business dealings will demonstrate your goodwill and interest in the language of China, increasingly important in the world of today—and tomorrow.

Excuse me, Miss.
Dùi-bù-qǐ, xiǎo-jǐe.
D'wày-bòo-chěe, sh'ǒw-j'yěh.

Is this the Wu Sing Company?
Zhè shì-bú-shì Wú Xīng gōng-sī?
Jùh shìh bóo-shìh Wóo Shūng gōong-sīh?

Is Mr. Wu in?
Wú xiān-shēng zài ma?
Wóo sh'yēn-shūng dzài ma?

I have an appointment with him.
Wǒ hé tā yūe dìng jiàn miàn.
Wǒ húh tā yōo'wāy dìng j'yèn m'yèn.

I am John Lee.
Wǒ shì Lǐ Yūe-hàn.
Wǒ shì Lěe Yoo'wāy-hàhn.

I represent the New York Company,
Wǒ dài lǐ yì jiā Niǔ Yūe gōng sī,
Wǒ dài lěe yèe j'yā N'yǒ Yōo'weh gōong-sīh,

imports and exports
jìn chū kǒu.
jìn chōo kǒ.

One moment, please.
Qǐng děng yì děng.
Chǐng dǔng yèe dǔng.

Hello! Mr. Wu?
Wéi! Wú xiān-shēng ma?
Wáy! Wōo sh'yēn-shūng ma?

The New York representative is here.
Niǔ Yūe dài-lǐ-shāng zài zhè-lǐ.
N'yŏ Yoo'wēh dai-lěe-shāhng dzài chùh-lěe.

Welcome to Hong-Kong, Mr. Lee.
Lǐ xiān-shēng, huān-yíng nǐ lái Xiāng-Gǎng.
Lěe sh'yēn-shūng, huān-yíng něe lái Sh'yahng-Gǎhng..

Thank you. It is an honor.
Xiè, xie. Fēi cháng róng xìng.
Sh'yèh, sh'yèh, Fáy cháhng róong shìng.

We received your letter,
Wǒ-mén shōu-dào nǐ-de xìn,
Wǒ-mún shō-dòw něe-duh shìn,

and your catalog,
hàn shāng-pǐn-mù-lù.
hàhn shāhng-pǐn-mòo-lòo.

We are very interested in your products.
Wŏ-mén dùi nĭ-mén-de chăn-pĭn hĕn găn xìng-qù.
Wŏ-mén d'way nĕe-mún-duh chăhn-pín hŭn găhn shìng-chù.

I would like to see your showroom.
Wŏ xiăng kàn-kàn nĭ-de yàng-pĭn-jiān.
Wŏ sh'yăhng kàhn-kàhn nĕe-duh yàhng-pĭn-j'yēn.

Can I visit
Wŏ kĕ bù kĕ yĭ
Wŏ kŭh bòo kŭh yĕe

your factory also?
yĕ cān-guān nĭ-de gōng-chăng?
yĕh tsāhn-gwāhn nĕe-duh gōong-chăhng?

Certainly! We can go there tomorrow.
Dāng rán! Wŏ-mén míng-tiān jiù qù.
Dāhng ráhn! Wŏ-mén míng-t'yēn j'yò chù.

It was a great pleasure to visit your factory.
Fēi-cháng gāo-xìng néng cān-guān nĭ-de gōng-chăng.
Fāy-cháhng gōw-shìng núng tsāhn-gwāhn nĕe-duh gōong-chăhng.

The factory is a very efficient operation.
Gōng-chăng xiào-lǜ hĕn gāo.
Gōong-chăhng sh'òw-lǜ hŭn gōw.

I wish to place an order.
Wŏ xī-wàng néng-xià dìng-dān.
Wŏ shēe-wàhng núng-sh'yà dìng-dāhn.

Our company expects a discount of . . . percent.
Wŏ-mén gōng-sī yaò-qiú dă-zhé-kòu . . . băi-fēn-bǐ.
Wŏ-mén gōong-sīh yòw-ch'yŏ dă-jéh-kò . . . băi-fēn-bĕe.

We will pay by ninety-day bank draft.
Wŏ mén yĭ jiŭ-shí tiān qí-piào fù-kuăn.
Wŏ mén yĕe j'yŏ-shíh t'yēn chée-p'yòw fòo-kwăhn.

irrevocable letter of credit.
bù-kĕ-qŭ-xiāo-de xìn-yòng-zhùang.
bòo-kŭh-chŭ-sh'ōw-duh shìn-yòong-jòo-wahng.

Here is the contract.
Zhè shì hé-yūe.
Jùh shìh húh-yōo'weh.

We are in complete agreement, aren't we?
Wǒ-mén wán quán tóng yì, shì-bú-shì?
Wǒ-mún wáhn choo'áhn tóong-yèe, shìh-bóo-shìh?

Please sign here.
Qǐng zài zhè-lǐ qiān zì.
Chǐng d'zài chùh-lěe ch'yēn dzìh.

We wish to invite you to dinner.
Wǒ-mén xiǎng qǐng nǐ chī wǎn-fàn.
Wǒ-mén sh'yǎhng chǐng něe chīh wǎhn-fàhn.

We will pick you up at eight P.M.
Wǒ-mén zài wǎn-shàng bā diǎn lái jiē nǐ.
Wǒ-mún dzài wǎhn-shàhng bā d'yěn lái j'yēh něe.

This is a first-class restaurant!
Zhè shì-ge gāo jí fàn-guǎn!
Jùh shìh-guh gōw jée fàhn-gwǎhn!

The food is wonderful!
Cài fēi cháng hǎo!
Tsài fāy cháhng hǒw!

By the way, what does China import from America?
Hèi! Zhōng-gúo yǒu shén-me dōng-xi yào cóng Měi-
   gúo jìn kǒu?
*Hày! Jōong-gwó yó shém-muh dōong-shee yòw tsóong
   Mǎy-gwó jìn kǒ?*

We import airplanes, military equipment,
Wǒ-mén jìn-kǒ fēi-jī, jǔn-shì-zhuāng-bèi,
Wǒ-mén jìn-kǒul fāy jēe, jǔn-shìh-joo'wāhng-bày,

diesel engines, railroad equipment, automobiles,
chái-yóu jī, tiě-lù-shè-bèi, qì-chē,
chái-yo jēe, t'yěh-lòo-shèh-bày, chèe-chūh,

wheat, corn, and pharmaceutical products, etc. . . .
mài, yù-mǐ, hàn yào-pǐn, děng. . . .
mài, yù-měe, hàhn, yòw-pǐn, dǔng. . . .

We export fabrics, plastics, clothing,
Wǒ-mén chū-koǔ bù-liaò, shù-jiāo, chéng-yī,
Wǒ-mén chōo-kǒ bòo-l'yòw, shòo-j'yōw, chúng-yēe,

jewelry, porcelain, and art objects.
zhū-bǎo, cí-qì, hàn yì-shù-pǐn.
jōo-b'ǒw, tsíh-chèe, hàhn yèe-shòo-pǐn.

We even export oil.
Eŕ-qiĕ wǒ-mén yĕ chū-kǒu shí-yóu.
Eŕ-ch'yĕh wǒ-mén yĕh chōo-kǒ shíh-yó.

Trade between China and America
Zhōng-Mĕi jiān-de mào-yì-ér
Jōong-Mǎy j'yēn-duh m'òw-yèe-ér

is increasing, isn't it?
zài zēng zhǎng, shì-bù-shì?
dzài dzēng jǎhng, shìh-bóo-shìh?

Yes, indeed! Let's have a toast.
Shì-da! Wǒ-mén lái gān yì bēi.
Shìh-da! Wǒ-mén lái gāhn yèe bāy.

Long live China!
Zhōng-gúo wàn-sùi!
Jōong-gwó wàhn-swày!

Long live America!
Mĕi-gúo wàn-sùi!
Mǎy-gwó wàhn-swày!

Long live Chinese-American friendship!
Zhōng Mĕi yǒu-yì wàn-sùi!
Jōong Mǎy yǒ-yèe wàhn-swày!

21. A New Type of Dictionary

The following dictionary supplies a list of English words and their translation into Chinese, which will enable you to make up your own sentences in addition to those given in the phrase book. By using these words, in conjunction with the following advice and shortcuts, you will be able to make up hundreds of sentences by yourself. In general, only one Chinese equivalent is given for each English word—the one most useful to you—so you will not be in doubt about which word to use.

This English-Chinese dictionary is written in pinyin, now the official way of writing Chinese in the Roman alphabet. Pinyin makes spoken Chinese much easier to learn, although the pinyin version is not pronounced the same way an English-speaking person would ordinarily pronounce it, because it was designed to convey Chinese, and not English sounds. For this reason the pinyin alphabet, used throughout the book, was followed word-for-word by an English phonetic rendition.

You have been accustomed to the pinyin spelling used on the second line of each phrase in this book. The following table shows how to pronounce the pinyin letters when they differ from the way we pronounce English.

Pinyin		English sound
a	=	ah
ao	=	ow
ai	=	ai (as in "Shanghai")
c	=	ts
e	=	uh
en	=	un
eng	=	ung
i	=	ee
ie	=	yeh
ia	=	ya
ian	=	yen
o (between consonants)	=	oo
ou	=	o
iu	=	yo
ui	=	way
u	=	oo
q	=	ch
ü	=	ee (said with lips held in tight circle)
x	=	sh
z	=	dz
zh	=	j

Each syllable in this dictionary is given with its corresponding tone. Chinese, as you have doubtlessly noted in earlier sections of the book, uses the same syllable with different tones to make different words. But even if you don't get the tone quite right, the combination of other words or syllables in a sentence from the book or of your own making should convey your meaning. Remember the tone symbols over the pinyin:

‾ = flat and high
´ = low, then rising
ˇ = starting high, descending, then rising again
` = starting high then descending

If a word has no written tone, simply pronounce it in a normal way. The good news about Chinese is that grammar, a pitfall to the student in most other languages, scarcely exists in Chinese.

- There are no verb conjugations. The same form of the verb is used for all persons—"I," "you," "he," "she," "it," "we," "they." The person or subject is simply followed by the unchanging verb.
- The progressive form is formed by inserting zài *before* the verb.
- The past tense is formed by adding **le** after the verb.
- The future tense is indicated by "future" words—"tomorrow," "next week," "in two years," etc.
- For immediate future **hùi jīang** is inserted before the verb.
- The imperative is formed by the verb preceded by "please"—**qǐng**
- The negative imperative is preceded by the construction "don't want to"—**bú yào.**
- The negative of a verb is formed by bu *before* the verb:

  wǒ kàn = "I see"
  wǒ bú kàn = "I don't see"
  shì = "it is"
  bú shì = "it is not"
- Mei is a negative used for quantity:

  Yǒ méi yǒ = "Is there any?"
  Méi yǒ = "There isn't any"
- A question is made by putting ma at the end of a sentence:

  Ní hǎo ma? = "Are you well?"
- A question can also be asked by a negative inversion:

  Ní hǎo bù hǎo? = You well, not well?" meaning "Are you well?"

Note: A (v.) for "verb" or (n.) for "noun" has been added after words when there might be doubt about whether the Chinese word is a verb or a noun.

• There is no difference between the singular and plural of nouns:

   rén = "man" or "men"

For specific counting, however, classifiers are used, such as **ge:**

   wǔ-ge rén = "five men"

In English we use much the same system when we specify "head of cattle," "pieces of paper," "pairs of shoes," "ears of corn," "bunches of grapes," and so on. But Chinese has at least two dozen classifiers applicable to "books," "vehicles," "things you can grasp," "doors," "hats," "houses," "books," "long thin things," "ships," "planes." However, you can make yourself understood by using **ge** as a general classifier. You will find other classifiers within the text of the book whenever their use is necessary.

The Chinese words used in the following dictionary are spelled in the pinyin system of writing Chinese. We have divided the words into syllables to make them easier for you to pronounce.

You will find some words in the dictionary that you have not seen in the conversation chapters and also variants of words you are already familiar with. This choice of two words of similar meaning such as *hotel, restaurant, directions*, and *seasons* will give you an added advantage in understanding what people may say to you and expressing yourself in Chinese.

A

a	yī (one) followed by *ge* or other modifiers
able	néng
about (approx.)	chá-bù-dūo
above	shàng
accident	shì-gù
ache	tòng
across	héng-guò
acupuncture	zhēn-jiù
add	zēng-jiā
address	dì-zhǐ
afraid	pà
afternoon	xìa-wǔ
again	zài
agree	tóng-yì
air	kōng-qì
airmail	háng-kōng-xìn
airplane	fēi-jī
airport	fēi-jī-chǎng
all	quán
allow	xǔ-kě
all right	hǎo
alone	dān-dú
already	yǐ-jīng
also	yě
altogether	zǒng gòng
always	jīng-cháng
am	shì
ambulance	jiù-hù-chē
America	Měi-gúo
American person	Měi-gúo-rén
ancient	gǔ-dài
and	hé
angry	shēng qì

animal	dòng-wù
answer	huí-dá
antique shop	gǔ-dǒng-diàn
antiques	gǔ-dǒng
apple	píng gǔo
appointment	yù-yūe
April	Sì-yùe
are	shì
arm	shǒu-bèi
arrange	ān-pái
arrive	dào-dá
art	yì-shù
art gallery	měi-shù-gǔan
Asia	Yǎ-zhōu
ask	wèn
aspirin	ā-sī-pī-lín
at	zài
attractive	hǎo-kàn
August	Bā-yùe
aunt	gū-mǔ
autumn (fall)	qiū

B

baby	wá-wa
back	jī-bèi
bad	hùai (or) bù-hǎo
baggage	xìng-lǐ
bald	tū-tóu
ball	qiú
banana	xīang-jiāo
bank	yín-háng
barber	lǐ-fà shī
basket	lán-zi
bath	xǐ zǎo

bathe (v.)	xǐ-zǎo
bathroom	xǐ-zǎo-fáng
bathtub	zǎo-pén
beach	hǎi-tān
bean	doù-zi
bean curd	doù-fǔ
bear	xióng
beautiful	měi lì
bee	mì-fēng
because	yīn wèi
bed	chuáng
bedroom	wò-fǎng
beef	niú-ròu
beer	pí-jiǔ
before	yǐ qían
begin	kāi-shǐ
behind	hoù-biān
believe	xiāng-xìn
bell	líng-zi
below	xià
belt	yāo dài
best	zùi hǎo de
between	zhī-jiān
bicycle	zì-xíng-chē
big	dà
bill	zhàng-dān
bird	niǎo
birthday	shēng-rì
black	hēi
blanket	máo-tǎn
blond	jīn-fǎ
blood	xuě
blue	lán
boat	chuán
boil (v.)	zhǔ

book	shū
bookstore	shū-diàn
boots	xūe
(to be) born	shēng
borrow	jìe
bottle	píng
boss	lăo-băn
bowl	wăn
box	hé-zi
boy	nán-hái-zi
bracelet	shŏu-zhuó
brain	năo-zi
brake	shā-chē
brassiere	xiōng zhào
bread	miàn-bāo
break	dă-pò
breakfast	zăo fàn
bridge	qiáo
bring	dài-lái
brother	xiōng-dì
older brother	gē-ge
younger brother	dì-di
brown	kā-fēi sè
brush	shūa-zi
Buddhist	fó-jìao
build (v.)	zào
building	dà-lóu
burn	shāo
bus	gōng-gòng-qì-chē
bus stop	gōng gòng qì-chē-zhàn
business	măi-mài
businessman	shāng-rén
busy	máng
but	bú-gùo
buy	măi
by	zùo-zhè

C

cabbage	bái-cài
cake	dàn-gāo
calendar	rì-lì
camera	zhào xiàng jī
camera shop	zhào xiàng jī diàn
can (container)	guàn-tóu
can, may	kě-yǐ
cancel	qǔ-xiāo
candy	táng-guǒ
car	chē
Be careful!	Xiǎo-xīn!
carpet	dì-tǎn
carrot	hóng-luó-bo
carry	bān
cash	xiàn-kuǎn
cat	māo
central	zhōng yāng
ceramics	táo-qì
certainly	yí-dìng
champagne	xiāng bīn
change (v.)	dùi-húan
charming	mí rén
cheap	pián-yi
check (bank)	zhī piào
check (restaurant)	zhàng-dān
chest (furniture)	xiāng-zi
chest (human)	xiōng-táng
chicken	jī
child	xiǎo-hái
China	Zhōng-guó
Chinese (language)	Zhōng-wén
Chinese (person)	Zhōng-guó rén
chocolate	qiǎo-kè-lì
chopsticks	kuài-zi

Christian	Jī-dū-tú
church	jiào-táng
cigarette	xiāng-yān
city	chéng-shì
clean (v.)	nòng gān-jìng
clock	zhōng
closed	guān
clothing (Chinese)	táng-zhuāng
clothing (Western)	yī fú
clouds	yún
coal	méi
coat (overcoat)	dà-yī
coat (suit)	wài-tào
cocoa	kě-kě
coffee	kā fēi
coins	yíng-bì
cold (not hot)	lěng
color	yán sè
comb	shū-zi
come	lái
Come back!	Húi-lái!
Come in!	Qǐng jìn!
Communist	gòng-chǎn
computer	diàn-nǎo
comrade	tóng-zhì
conductor	zhē-shǒu
congratulations	gōng-xǐ
cook (v.)	zùo cai
corner	lù-kǒu
around the corner	zhuǎn-jǐao
correct (v.)	jìao-zhèng
cow	niú
cry	kū
culture	wén-huà
cup	bēi-zi

customs	hǎi-guān
cut (v.)	gē

D

dance (v.)	tiào
danger	wēi-xiǎn
dark	hēi-àn
daughter	nǚ-ér
day	tiān
· every day	tiān-tiān
dearest	ài-rén
death (or) **die**	sǐ
December	Shì-ér-yuè
delicatessen	ér-hūn-pì
democracy	mín-zhǔ
dentist	yá-yī
depart	lí-kāi
department store	bǎi-hùo-diàn
desk	shū zhūo
dessert	diǎn-xīn
diarrhea	xiè dù-zi
dictionary	zì-diǎn
different	bù-tóng
difficult	nán
dine	chī-fàn
dining car	cān-chē
dining room	cān-tīng
dinner	wǎn-cān
direction	fāng-xiàng
dirty	zāng
dishes	cài
distance	jǜ-lí
disturb	dá-rǎo

do	zùo
doctor	yī-shēng
dog	gǒu
doll	wán-oǔ
dollar	yúan
door	mén
doorbell	mén-líng
down	xià
draw	huà
dress (n.)	cháng-yī-fú
drink (v.)	hē
drive (v.)	kāi-chē
driver	sī-jī
dry-clean	gān-xǐ
dry cleaners	gān-xǐ-diàn
drugstore	yāo-diàn
duck	yā
dumpling	jǐao-zi

E _____

each, every	méi
ear	ěr-dūo
early	zǎo
earthquake	dì-zhèn
east	dōng-fāng
easy	róng-yì
eat	chī
eggs	dàn
eight	bā
eighteen	shí-bā
eighty	bā-shí
electricity	diàn
electric light	diàn-dēng
elephant	xìang

elevator	diàn-tī
eleven	shí-yī
embassy	dà-shǐguǎn
embroidery	xiù-hūa
emergency	jǐn-jí
emperor	huáng-dì
empty	kōng
end, finish (v.)	wán
England	Ying-guó
English language	Ying-yǔ
English person	Ying-guó-rén
Enjoy your food!	Màn-man chī!
enough	goù-lā
enter	rù
entertain	zhāo-dài
entrance	rù-kǒu
envelope	xìn-fēng
escalator	zì-dòng-diàn-tī
Europe	Oū-zhōu
evening	wǎn-shàng
See you this evening.	Wǎn-shàng-jìan.
everybody	rén-rén
every day	tīan-tīan
everything	fán-shì
everywhere	chù-chu
excellent	hǎo-jī-le
except	chú-le
exchange (articles) (v.)	dùi-huàn
exchange (money) (v.)	duì-huàn
Excuse me!	Duì-bū-qǐ!
exercise	tì-cāo
exhibition hall	zhǎn-lǎn-gǔan
exit	chū-kǒu
expensive	gùi
explain	shuō-míng
export	chù-kǒu

express train	tè-kuài-chē
eye	yǎn-jīng

F

face	liǎn
factory	gōng-chǎng
fall (autumn)	qiū-tiān
family	jiā-zú
far	yuǎn
farm	nóng-cūn
farmer	nóng-rén
fast	kuài
fat	pàng
father	fù-qīn
fear	pà
February	Èr-yuè
fever	fā-shāo
few	jī
fifteen	shí-wǔ
fifty	wǔ-shí
fight	dǎ-jià
filling station	jīa-yòu-zhàn
fine, good	hǎo
finger	shǒu-zhǐ
finish v.	wán
fire	huǒ
firecrackers	bīan-pào
first	dì-yī
first floor	dì-yī-lóu
fish	yú
fit (v.)	shì-chuān
five	wǔ
flashlight	diàn-tóng
floor (story)	lóu
floor (of room)	dì-bǎn

flower	hūa
fly (v.)	fēi
forbidden	jìn-zhǐ
foreign	wài-gúo
forest	sèn-lín
forget	wàng-jì
for	dài
for hire	chū-zū
fork	chā-zi
forty	sì-shí
four	sì
fourteen	shí-sì
fox	hú-lí
France	Fà-gúo
free (liberty)	zì-yóu
free (no cost)	mǐen fèi
freezing	bīng-dòng
French language	Fà-yǔ
French person	fà-gúo-rén
fresh	xīn-xiān
Friday	xīng-qī-wǔ
fried	zhà
friend	péng-yǒu
from	cóng
front	qián-miàn
fruit	shǔi-gǔo
fruit store	shǔi-gǔo-dìan
full	wǎn
fur coat	pí-dà-yī
furniture	jiā-jù

G ———————————————

gallon	jīa-lún
game	bǐ-sài

garage	chē-fáng
garden	yüan
garlic	suàn
gasoline	qì-yóu
gas station	jīa-yóu-zhàn
gate	mén
German language	Dé-yǔ
German person	Dé-guó-rèn
Germany	Dé-gúo
get off	xià-chē
get on	shàng-chē
girl	nü-hái
give	gěi
Please give me . . .	Qǐng gěi wǒ . . .
glad	gāo-xìng
glass	bēi
glasses	yǎn-jìng
gloves	shǒu-tào
go	qǜ (or) zǒu
go straight ahead	wàng-qián-zǒu
Let's go!	zǒu-ba!
God	Shàng-dì
gold, golden	jīn
good	hǎo
Good health!	Jìan-kāng!
Good-bye!	Zài-jìan!
government	zhèng-fǔ
grandfather	zǔ-fù
grandmother	zǔ-mǔ
grandparents	zǔ-fù-mǔ
grapefruit	yòu-zi
grapes	pú-táo
grass	cǎo
gray	hūi

Great Wall of China	Wàn-lǐ-cháng-chéng
green	lǜ
groceries	shí-pǐn
grocery store	shí-pǐn-dìan
gymnasium	tǐ-yǔ-gǔan

H ───────────────────

hair	tóu-fà
haircut	lǐ-fà
hairdresser	měi-róng-yuàn
half	bàn
hall	gǔan
hand	shǒu
handkerchief	shǒu-juàn
happy	gāo-xìng
harbor	gǎng-kǒu
hard (difficult)	nán
hat	māo-zi
have	yǒu
Do you have . . . ?	yǒu-méi-yǒu . . . ?
have to, must	bì-xǖ
he, she, it	tā
head	tóu
healthy	jìan-kāng
hear	tīng
heart	xīn
heavy	zhòng
Hello! (on the telephone)	Wèi!
Help!	Jiù mìng!
Please help me.	Qǐng bāng-zhù wǒ.
here	zhè-li
high	gāo

his, her, hers, its	tā-de
hire (v.)	chū-zū
history	lì-shǐ
holiday	jié-rì
home	jīa
honey	mì
hope	xī-wàng
hospital	yī-yùan
hot	rè
hotel	lǚ-gǔan (or) fàn-dìan
hour	xiǎo-shí
house	fáng-zi
how	zěn-me
How are you?	Nǐ-hǎo-ma?
How do I get to . . . ?	Zěn-me qǜ . . . ?
How far . . . ?	Dūo yuǎn . . . ?
How long . . . ?	Dūo jǔo . . . ?
How long are you staying?	Nǐ zhù jǐ tiān?
How many?	Jǐ?
How much?	Dōu shǎo?
How does this work?	Zěn-me-yòng?
hundred	bǎi
one hundred	yì-bǎi
hungry	è-le
hurry	kuài
hurt (v.)	tèng
husband	zhang-fū

I

I	wǒ
ice	bīng
ice cream	bīng-qí-lín
ice skates	liū-bīng-xié

if	rú-gŭo
immediately	mă shàng
important	zhòng-yào
impossible	bù-néng
in	zài
India	Yìn-dù
information	xìn-xī
insect	chóng-zi
inspect	chá
intelligent	cōng-míng
interesting	yŏu-yì-si
interpreter	fān-yì-jīa
introduce	jiè-shào
invite	yāo-qĭng
iron (v.)	tàng
is	shì
island	hăi-dăo
is not	bú shì
isn't it?	shì-bú-shì
Israel	Yĭ-sùh-liè
Italy	Yì-dà-lì
ivory	xiàng-yá

J ――――――――――――――――――――

jacket	shàng yī
jade	yù
January	Yí-yùe
Japan	Rı-bĕn
Japanese person	Rı-bĕn rén
Jew	Yóu-tài-rén
jewelry	băo-shí
job	gōng-zùo

joke	xiào-huà
joy	huān-xǐ
July	Qī-yuè
June	Liù-yuè

K _____

keep (v.)	líu
key	yào-shí
kill	shā
kind (good-hearted)	hǎo xīn
kind (sort)	lèi
kiss	jiē-wěn
kitchen	chú-fáng
knee	xī-gai
knife	dāo-zī
know (someone)	rèn-shì
know (something)	zhī-dào
Korea	Hán-gúo
Korean person	Hán-gúo rén

L _____

ladies and gentlemen	liè wèi
ladies' room	nǚ-cè suǒ
lady	tài-tài
(young) lady	xiǎo-jiě
lake	hú
land (v.)	jiàng-lùo
lamp	dēng
language (spoken)	hùa (or) yǔ
language (written)	wén

late	wǎn
later	yǐ-hòu
laugh	xiào
laundry	xǐ-yī-dìan
lavatory	cè sǔo
lawyer	lǜ-shī
learn	xué-xí
leather	pí
leave (depart)	lí-kāi
left	zǔo
(to the) left	zǔo-biān
leg	tǔi
let (permit)	ràng
letter	xìn
light (electric)	dìan-dēng
like (v.)	xǐ-huān
like this . . .	shàng-zhè-yàng . . .
(would) like	xiǎng
like (resembling)	xiàng
(a) little	yì diǎn-dian
linen	má-bù
little (or) less	xiǎo
lion	shī-zi
listen	tīng
live (reside)	zhù
living room	ké-tīng
lobster	lóng-xīa
long	cháng
look at	kàn-kan
look for	zhǎo
Look out!	Xiǎo xǐn!
lose	diū
(a) lot	dūo
love	aì

low	dī
(Good) luck!	Hăo yùn!
luggage (hand)	xìng lĭ
lunch	wŭ-fàn

M

magazine	zá-zhì
magnificent	zhūang-yán
maid	nŭ-pú
mailbox	yóu-tōng
mainland	dà-lù
main station	zŏng-zhàn
make	zuò
male	nán
man	rén
manager	jīng-lĭ
many	dūo
manufacture	zhì-zào
map	dì-tú
March	Sān-yùe
market	cài-chăng
married (masc.)	chéng-jiā
married (fem.)	chū-jià
match (n.)	hŭo-chái
(It doesn't) matter.	Méi guān xì.
May	Wŭ-yùe
maybe	kĕ-néng
me	wŏ
meal	fàn
measurement	liàng
meat	ròu
mechanic	jì-gōng

medicine	yào
mens' room	nán cè-sǔo
menu	cài-dān
merchant	shāng-rén
message	xìn
middle	zhōng
milk	niú-nǎi
million	bǎi-wàn
mineral water	kuàng-shūi
minute	fēn
mirror	jìng-zi
Miss	Xǐao-jǐe
Mr.	Xiān-shēng
Mrs.	Tài-tai (or) fū-rén
mistake	cuò-wù
mixed	zá
modern	jìn-dài
Monday	Xīng-qī-yī
money	qián
monkey	hóu-zi
month	yuè
morning	zǎo
Moslem	Huéi-jiào-tú
mosquito	wén zī
mother	mǔ-qīn
mountain	shān
mouth	zuǐ
movie	diàn-yǐng
movie theater	diàn-yǐng-yuàn
much	dūo
museum	bó-wù-gǔan
music	yīn-yùe
must (have to)	děi
my, mine	wǒ-de

N

name (family)	xìng
(my) name	wǒ de xìng
(your) name	guì xìng
(first) name	míng-zi
nation	gúo
nationalist	gúo-mín-dǎng
nationality	gúo-jí
near	jìn
necessary	bì-yào
need (v.)	xū yào
never	jué-bù
never mind	bù-yào-jǐn
new	xīn
newspaper	bào-zhǐ
New Year	Xīn-nián
next	xià
next to	páng-bīan
next year	míng-nián
night	wǎn-shǎng
nine	jiǔ
nineteen	shí-jiǔ
ninety	jiǔ-shí
no	bù
no admittance	jìn-zhǐ rù-nèi
no photographs	jìn-zhǐ shè-yǐng
no smoking	jìn-zhǐ xī-yān
no trespassing	jín-zhǐ tōng-xíng
noisy	chǎo
noodles	mìan
noon	zhōng-wù
north	běi-fāng
nose	bí-zi
not	bù

not now	bù xiàn-zài
not yet	hái méi
nothing	méi-yǒu
November	Shí-yī-yuè
now	xiàn-zài
number (room etc.)	hào-mǎ
nurse maid	fǎo-mǔ

O ————————————————————

occupation	zhì-yè
ocean	yáng
October	Shí-yuè
office	bàn-shì-chù
often	cháng-cháng
o.k.	hǎo
old	lǎo
once	yí-xià
one	yí
one half	yí bàn
one hundred	yí-bǎi
one thousand	yí-qiān
onion	yáng-cōng
only	zhǐ
open	kāi
opposite	xīang-fǎn
or	hùo-zhě
orange	jú-zī
orchestra	yuè-dùi
order	jiào
oriental	dōng-fāng
our	wǒ-men-de
outside	wài-biān
over (ended)	wán-le

overcoat	dà-yī
owe	qiàn

P

Pacific Ocean	taì-píng-yáng
package	bāo-gǔo
page	yè
pagoda	tǎ
pain	tòng
painting	hùa
pants	kù-zi
pantyhose	kù-wá
paper	zhǐ
park	gōng-yúan
park (a car)	tíng-chē
passenger	lǚ-kè
passport	hù-zhào
pay	fù-qián
peace	píng-ān
peach	táo-zi
pearl	zhēn-zhū
pedicab	zān-lún-chē
pen	gāng-bǐ
pencil	qiān-bǐ
pepper	hú-jiāo
perfect	wán-měi
perfume	xīang-shǔi
person	rén
pharmacy	yào-diàn
photo	zhào-piàn
picnic	yě-cān
picture	huà
pillow	zhěn-tóu
pin	bié-zhēn

Ping-Pong	Píng-Pòng
pink	fěn-hóng-sè
place	dì-fāng
plate	pán-zi
play (v.)	wán
please	qǐng
pocket-book	qían-bāo
poison	dú
police	jǐng-chá
police station	jǐng-chá-jú
poor	qióng
porcelain	cí-qì
pork	zhū-ròu
post office	yóu-jú
present, gift	lǐ-wù
president	zǒng tǒng
pretty	hǎo-kàn
private	sī-rén
problem	wèn-tí
profession	zhí-yè
profit	lí-rùn
promise (v.)	cháng nùo
protect	bǎo-hù
public	gōng-gòng
pull	lā
purple	zǐ-sè
purse	qián-bāo
push	tūi
put	fàng

Q

question	wèn-tí
quick	kuài
quiet	ān-jìng

quilt	bèi-zi

R

rabbit	tù-zi
radio	shōu-yīn-jī
rain (v.)	xià-yǔ
raincoat	yǔ-yī
rat	lǎo-shǔ
razor	gūa-lǐan dāo
read (v.)	kàn (or) dú
ready	hǎo le
really	zhēn de
receipt	shōu-jù
receive	shōu-dào
record (disc)	chàng-piàn
red	hóng
refrigerator	bīng-xīang
(best) regards to . . .	wèn-hòu . . .
relative	qīn-rén
remain	liú
remember	jì-de
rent (v.)	chū-zū
repair	xiū-lǐ
repeat (v.)	chóng-fù
reserve (v.)	yù-dìng
rest (v.)	xīu-xi
restaurant	fàn-diàn (or) fàn-gǔan
return, come back	húi-lái
rice	mǐ-fàn
rich	fù-yǐ
ride	qí
right (correct)	dùi
right (direction)	yòu-biān

ring	jìe-zhǐ
river	hé
road	lù
robber	qiáng-dào
roof	wū-dǐng
room	fáng-jiān
room number	fáng-hào
round trip	lái-huí
rug	dì-tǎn
run	pǎo

S

sad	bēi-aī
safe	an-quán
salt	yán
same	tóng
satisfied	mǎn-yì
Saturday	Xīng-qī-lìu
say (v.)	shūo
school	xué-xiào
science	kē-xué
sea	hǎi
seafood	hǎi-xiān
seat	wèi-zi
second class	èr-děng
see (v.)	kàn-jiàn
sell (v.)	mài
send (v.)	sòng
September	Jiǔ-yuè
service desk	fú-wù-tái
seven	qī
seventeen	shí-qī
seventy	qī-shí

several	jǐ-ge
shark	shā-yǔ
shave	gūa-hú
she	tā
sheep	yáng
ship (n.)	chuán
shirt	chèn-yī
shoes	xié
shop (n.)	shāng-diàn
should	yīng-gāi
show (v.)	gěi-kàn
shower (bath)	lín-yǔ
short	duǎn
shrimp	xīa
shut	guān
sick	bìng
silk	sī-chóu
silver	yín
sing	chàng
single room	dān-rén fáng
sister	jiě-mèi
older sister	jiě-jie
younger sister	mèi-mei
sit (v.)	zùo
six	liù
sixteen	shí-liù
sixty	liù-shí
skirt	qún-zi
sleep (v.)	shuì-jiào
slow	màn
small	xiǎo
smoke (v.)	chōu-yān
snake	shé
snow	xǔe
soap	féi-zào

soda water	sū-dá shŭi
soldier	bīng
somebody	mŏu-rén
something	shén-me
sometimes	yŏu shí-hòu
son	ér-zi
soon	kùai
so-so	mă-ma hū-hu
sorry	bào-qiàn
soup	tāng
sour	sūan
south	nán-fāng
South America	Nán-mĕi
speak	shūo
spoon	tāng-chí
sport	yùn-dòng
spring (season)	chūn-tiān
stamp (n.)	yóu-pìao
stand up	zhàn
start	kāi-shĭ
star	xīng-xing
station	chē-zhàn
stay (v.)	tíng-líu
steel	gāng
still	hái
stomach	dù-zi
stone	shí
Stop!	Tíng!
store (n.)	shāng-diàn
straight ahead	zhí-yŏu
street	jiē-dào
strong	qiáng
student	xué-shēng
study (v.)	xué
subway	dì-xìa-tiĕ-dào

sugar	táng
suit	xī-zhūang
summer	xià-tiān
Sunday	Xīng-qī-tiān
supper	wǎn-fàn
sunglasses	tài-yáng yǎn-jìng
swim (v.)	yóu-yǒng
swimming pool	yóu-yǒng-chí

T

table	zhūo-zi
tailor	cái-féng
take (v.)	ná
tall	gāo
talk (v.)	tán
tape (recording)	lù-yīn-dài
tape (recorder)	lù-yīn jī
taste (v.)	cháng
tax	shuì
taxi	chū-zū-qì-chē
tea	chá
teach	jiāo
teacher	lǎo-shī
teacup	chá-bēi
tea house	chá-gǔan
telegram	diàn-bào
telephone	diàn-hùa
telephone number	dián-hùa hào
public telephone	gōng-gòng-diàn-hùa
television	diàn-shì-jī
telex	dìan-chúan
tell	gào-sù
temple	miào

ten	shí
tennis	wǎng-qiú
thanks	xiè-xie
theater	xì-yùan
their, theirs	tā-men-de
then	nà-me
there	nà-lǐ (or) nàr
there is (are)	yǒu
there isn't (aren't)	méi-yǒu
they	tā-mén
thin (not fat)	shòu
thin (not thick)	báo
thirsty	kě
thirteen	shí-sān
thirty	sān-shí
thing	dōng-xi
think	xiǎng
this	zhè (or) zhèi
thousand	qiān
three	sān
Thursday	Xīng-qī-sì
ticket	piào
ticket (one way)	dān-chéng piào
ticket (round trip)	lái-húi piào
ticket window	shòu-piào kǒu
tiger	lǎo-hǔ
time	shí-hòu
(at what) time?	shén-me shí-hòu?
tired	lèi
today	jīn-tīan
toe	jiáo-zhǐ
together	yì-qǐ
toilet	cè-suǒ
tomorrow	míng-tiān
tonight	jīn-wǎn

too (also)	yě
too (excess)	tài
tooth	yá-chǐ
toward	wàng
towel	máo-jīn
town	zhèn
toy	wán-jù
train	huǒ-chē
fast train (express)	kuài-chē
train station	huǒ-chē-zhàn
transfer	huàn-chē
translate (v.)	fān-yì
travel	lǚ-xíng
traveler	lǚ-kè
tree	shù
trip	yí-lù
trouble	má-fán
true	zhēn-de
truck	kǎ-chē
try	shì
Tuesday	Xīng-qī-èr
turn (v.)	zhǔan
twelve	shí-èr
twenty	èr-shí
two	èr

U

umbrella	sǎn
understand (v.)	dǒng
uncle	bó-fù
under	xià
underpants	nèi-kù
undershirt	nèi-yī

United Nations	Lián-hé-guó
United States	Hé zhòng guó
university	dà-xué
until	dào
up	shàng
urgent	jǐnjí
us	wǒ-mén
usually	píng-cháng
use (v.)	yòng

V _____

vacation	jià-qī
valley	shān-gǔ
vase	hūa-píng
vegetables (cooked)	shū-cài
vegetables (raw)	cài
vehicle	chē
very	hěn (or) tài
view	tiào-wàng
village	cūn
vinegar	cù
visa	qīan-zhèng
visit	fǎng-wèn
voice	shēng

W _____

waist	yāo
wait	děng
waiter	fú-yù-yuán
walk	zǒu
wall	qíang

wallet	qían-bāo
want	yào
war	zhàn-zhēng
wash	xǐ
watch (n.)	bǐao
watch (v.)	kàn-kan
water	shuǐ
way (route)	dào
we	nǐ-men
weather	tiān-qì
Wednesday	Xīng-qī-sān
week	xīng-qī
Welcome!	Huān-yíng
You are welcome.	Bú-xiè
well (good)	hǎo
west	xī-fāng
what	shén-me
What is it?	Shén-me shì?
What kind of . . .	Shén-me yàng-de . . .
When?	Shén-me shí-hoù?
Where?	Nǎ-lǐ (or) Nǎr?
Which?	Něi-ge?
white	bái
Who?	Shéi?
Why?	Wèi shén-me?
wife	fù-yén
wind	fēng
window	chūang-hù
wine	jiǔ
winter	dōng-tiān
wish	xī-wàng
with	gēn (or) tōng
without	méi yǒu
wool	yáng-máo

woman	fù-nǔ (or) nǔ-rén
word	zì
work	gōng-zùo
world	shì-jìe
would like	xiǎng
write	xǐe
wrong	cuò

Y ————————————————

year	nián
last year	qù-nián
next year	míng-nián
this year	jīn-nián
yellow	huáng
yes	shì (or) shì-de
yesterday	zúo-tiān
yet	hái
(not) yet	hái-méi
you (sing.)	nǐ
young	nián-qīng
your	nǐ-de

Z ————————————————

zero	líng
zoo	dòng-wù-yúan

Titles of Related Interest from MERIDIAN

☐ **JAPAN: The Fragile Superpower by Frank Gibney.** A brilliant description of Japan's post-war economic miracle is revealed in this close-up of its business, society, politics, and culture ... "No one else I know has the author's combination of long and deep study of Japan, varied and intimate business experience in Japan, and lively writing skill."—Edwin O. Reischauer, former U.S. Ambassador to Japan.   (008670—$9.95)

☐ **THE CHRYSANTHEMUM AND THE SWORD: Patterns of Japanese Culture by Ruth Benedict.** No work on Japan has attempted to tell so profoundly and from so many aspects the development of the ideology of the Japanese as it is reflected in the daily manners and customs of their life. Here are the main outlines of Japanese society, their curious system of practical ethics, their ideas of good and evil, and the structured disciplines that make the Japanese able to live according to their code.
(009162—$8.95)

☐ **PATTERNS IN COMPARATIVE RELIGION by Mircea Eliade.** An examination based on sound scholarship of religious facts throughout the ages and their relationship to each other and to the nature of religion as a whole.
(009057—$10.95)

All prices higher in Canada.

Buy them at your local bookstore or use this convenient coupon for ordering.

NEW AMERICAN LIBRARY
P.O. Box 999, Bergenfield, New Jersey 07621

Please send me the MERIDIAN BOOKS I have checked above. I am enclosing $_____ (please add $1.50 to this order to cover postage and handling). Send check or money order—no cash or C.O.D.'s. Prices and numbers are subject to change without notice.

Name _____

Address _____

City _____ State _____ Zip Code _____
Allow 4-6 weeks for delivery.
This offer subject to withdrawal without notice.

There's an epidemic with 27 million victims. And no visible symptoms.

It's an epidemic of people who can't read.

Believe it or not, 27 million Americans are functionally illiterate, about one adult in five.

The solution to this problem is you... when you join the fight against illiteracy. So call the Coalition for Literacy at toll-free **1-800-228-8813** and volunteer.

Volunteer Against Illiteracy. The only degree you need is a degree of caring.